Claudia und David Arp

Mit dem Kopf durch die Wand?

„Anstrengende" Kinder verstehen und begleiten

BRUNNEN

VERLAG GIESSEN · BASEL

Von:
DAVID & CLAUDIA ARP
7900 Grousemoor Dr.
Knoxville, TN 37919
USA
Phone: (865) 690-5887
Fax: (865) 691-1575
Email: TheArps@marriagealive.org

Dieses Buch ersetzt keine professionelle medizinische oder
therapeutische Beratung, wo die Umstände eine solche erfordern.

Übersetzung aus dem Amerikanischen:
Ulrike Becker / Renate Hübsch
Lektorat: Renate Hübsch

© 2002 Brunnen Verlag Gießen
www.brunnen-verlag.de
Umschlagfoto: Getty Stone, München
Umschlaggestaltung: Ralf Simon
Illustrationen: Peter Esser
Satz: DTP Brunnen
Herstellung: St.-Johannis-Druckerei, Lahr
ISBN 3-7655-1245-1

Inhalt

1

Wenn Kinder uns fordern

Wir saßen bei einer Tasse Kaffee zusammen und unsere Freundin Ingrid erzählte folgendes Erlebnis:

Ich war gerade im Garten, als der Streit losging. Ich sah gerade noch, wie Paul, mit seinen acht Jahren unser ‚Großer‘, seinen zwei Jahre jüngeren Bruder David heftig zu Boden stieß. Mit einem erschrockenen „He, was soll das?“ eilte ich zum Tatort.
Dort redeten fünf Kinder gleichzeitig auf mich ein. Allem Anschein nach hatte David Pauls Skateboard genommen, ohne ihn zu fragen.

Kapitel 1

Als David das mitbekam, schnappte er sich das Gerät ziemlich unsanft und brüllte: „Du Idiot, hat dir vielleicht jemand erlaubt, mein Skateboard zu nehmen?"

David, erschrocken über den unerwarteten Wutausbruch, stotterte: „Ich wollte es doch nur mal ausprobieren."

„Frag gefälligst das nächste Mal, kapiert?", schmetterte Paul ihm entgegen und, um der Warnung Nachdruck zu verleihen, begleitete er sie mit einem heftigen Stoß, der David zu Boden warf.

Ich holte tief Luft.

„Paul, ich kann ja verstehen, dass du wütend auf deinen Bruder bist, wenn er einfach deine Sachen benutzt. Aber ihn so zu stoßen, das geht zu weit."

„Hat er es vielleicht nicht verdient? Er hat es nicht ausgeliehen – er hat's geklaut. Er hätte mich fragen sollen."

„Ja, er hätte dich zuerst fragen sollen. Trotzdem ist es in unserer Familie nicht akzeptabel, jemanden so grob anzugreifen, nur weil er einen Fehler gemacht hat."

„Einen Fehler gemacht!? Er hat es absichtlich genommen!", schnaubte Paul und stieß David zum zweiten Mal zu Boden.

„Das reicht jetzt!", stieß ich hervor, während ich Paul am Arm packte. „Du gehst jetzt in dein Zimmer, bis du dich wieder vernünftig benimmst."

„Das ist unfair! Du solltest David in sein Zimmer schicken! Er hat schließlich mein Skateboard geklaut!"

„Das ist eine andere Geschichte, Paul, darüber werde ich mit David reden. Aber jetzt geht es zuerst einmal darum, dass du dich beruhigst."

Wutschnaubend marschierte Paul ins Haus und verschwand in seinem Zimmer. Die Tür knallte vernehmlich.

Spätestens zu diesem Zeitpunkt hätte mir klar sein sollen, dass in Paul ein innerer Vulkanausbruch stattfand, der nicht mehr zu stoppen war. Ich hörte, wie er in seinem Zimmer Möbel hin- und herrückte. Aber ich dachte: ‚Na ja, wenn er sich damit abreagiert, soll's mir recht sein', und ging zurück an meine Gartenarbeit.

Dann hörte ich die anderen Kinder schreien: „Er schmeißt die Fensterscheibe ein!" Ich hörte es klirren, rannte zurück und konnte nur noch feststellen, dass die Scheibe in tausend Scherben lag.

Ich stürmte die Treppe hoch und stellte fest, dass Paul versucht hatte, die Tür zu verbarrikadieren. Ich schrie und er brüllte zurück. Irgendwie gelang es mir, in sein Zimmer zu kommen.
„Um Himmels willen, was ist passiert?", rief ich.
„Du kannst mir nicht einfach Stubenarrest verpassen!" Pauls Stimme überschlug sich vor Empörung und Wut.
„Hast du dir was getan?", fragte ich.
„Nein, ich glaube nicht", antwortete er etwas ruhiger.
Ich nahm ihn in die Arme und dachte: „Wo soll das noch hinführen?"

Kommt Ihnen Ingrids Geschichte bekannt vor? Wir erinnerten uns sehr deutlich an ähnliche Szenen mit unseren Kindern.

Wir waren großartige Eltern – bevor unser erstes Kind geboren wurde. Dann hörten wir diese vier kleinen Worte, die unser Leben für immer verändern sollten: „Es ist ein Junge!" Der Arzt hätte auch hinzufügen können: „... und ein ziemlich eigenwilliger noch dazu!" Aber das musste er gar nicht – es wurde uns nur allzu schnell klar, dass unser Sohn seinen eigenen Kopf hatte. Da er unser erstes Kind war, nahmen wir an, das sei alles ganz normal und Kinder müssten eben stundenlang brüllen oder heftig strampeln, sich nicht beruhigen lassen oder jeden Abend regelrecht überlistet werden, damit sie einschlafen. Wenn Sie nur ein Kind haben, werden Sie vielleicht auch annehmen, es sei besonders temperamentvoll und eigenwillig.

Wir waren großartige Eltern – bevor unser erstes Kind geboren wurde.

Die folgenden Fragen können bei einer ersten Einschätzung helfen, ob Ihr Kind tatsächlich energiegeladener, temperamentvoller und damit ‚anstrengender' ist als andere Kinder. Bewerten Sie jede der folgenden Aussagen mit einer Zahl zwischen eins und zehn (1 bedeutet „trifft überhaupt nicht zu", 10 bedeutet „ganz mein Junge /meine Tochter!"):

1. Als jedem Menschen sein Quantum Energie zugeteilt wurde, bekam unser Kind eine Extraportion ab. ❑
2. Das Wort „Nein" ist für unser Kind keine Antwort, sondern eine Herausforderung. ❑
3. Was unser Kind tut, das tut es mit totalem emotionalem Einsatz. ❑
4. ‚Anpassungsfähigkeit' ist für unser Kind ein Fremdwort. ❑
5. Unser Kind ist der geborene Debattenführer. ❑
6. Was immer man bei Kindern als ‚normal' ansieht – unser Kind ist immer ‚ein Stückchen mehr davon'. ❑
8. Unser Kind sträubt sich gegen feste Zeitpläne – zum Beispiel beim Schlafengehen, Essen und im normalen Tagesablauf. ❑
9. Unser Kind verleiht dem Wort „Beharrlichkeit" neue Bedeutung. ❑
10. Unser Kind ist sehr empfänglich für sinnliche Wahrnehmungen und Reize: Geräusche, visuelle Eindrücke, Materialstrukturen, Geschmack von Nahrungsmitteln … ❑
11. Unser Kind scheint es darauf anzulegen, andere bewusst zu ärgern. ❑
12. Unser Kind ignoriert Verhaltensregeln oder Bitten und Anforderungen von anderen häufig. ❑

Errechnen Sie nun aus den Einzelergebnissen die Gesamtsumme. Welche Gesamtsumme erreicht Ihr Kind? Wenn Ihr Kind bei einem Wert von unter 50 liegt, dann haben Sie anscheinend ein sehr kooperatives Kind. Man würde Ihr Kind vermutlich nicht als willensstark oder temperamentvoll beschreiben, aber dennoch werden Sie in diesem Buch einige Tipps finden, die Ihnen Ihre Aufgabe als Eltern erleichtern. Wenn Ihr Kind einen Wert zwischen 70 und 80 erreicht hat, dann haben Sie ein temperamentvolles Kind – und wahrscheinlich haben Sie deswegen auch zu diesem Buch gegriffen. Falls Ihr Kind einen noch höheren Wert erreicht hat, sollten Sie sich vielleicht mit anderen Eltern zusammensetzen, die ähnlich ‚anstrengende' Kinder haben, und dieses Buch gemeinsam durcharbeiten. Denn Ihre Kinder werden Sie fordern, und es ist gut, wenn Sie wissen, wo Sie Unterstützung finden! Sie werden sie brauchen!

Sie sind nicht allein!

Eine Freundin schrieb kürzlich: „Die beiden letzten Tage mit Marc – er ist neun – waren eine einzige Katastrophe. Temperamentvoll ist noch ein harmloser Ausdruck, wenn es um ihn geht. Gestern schrie er mich an: „Du hörst mir ja nie zu. Du hasst mich! Ich hasse dich auch, damit du es weißt!" Am Tag davor, als ich ihn zur Schule brachte, war er fast in Tränen aufgelöst und beschwerte sich, dass sein älterer Bruder immer bekomme, was er wolle. „Nie meckert ihr mit ihm. Er kann so viel Mist bauen, wie er will. Aber ihm macht ihr nie Vorwürfe."

Und dann brüllte er seinem Bruder, der neben ihm saß, in voller Lautstärke ins Ohr: „Du hast ein Idiotenhirn!" Nach jedem Wort fünf Ausrufungszeichen.

Marc braucht immer sehr lange, bis er sich wieder abregt, wenn ihn etwas so in Wut versetzt hat. Was mir am meisten Sorge macht, ist, dass alles, was ich sage, von ihm als Ablehnung verstanden wird. Oft lasse ich ihn dann einfach allein, wenn er gerade tobt, und versuche später noch einmal über die Sache zu sprechen. Aber selbst dann fühlt er sich meistens zurückgewiesen. Ich fürchte, ich nehme ihm irgendwie sein Selbstvertrauen. Manchmal komme ich wirklich an meine Grenzen. Ich möchte ihm doch zeigen, dass ich ihn liebe, aber irgendwie kommt es bei ihm nicht an. Er hört nur Ablehnung heraus. Ich muss mich so anstrengen, um ruhig zu bleiben. Es ist wirklich schwierig mit ihm."

Wann ist ein Kind ‚schwierig'?

Bei der Vorbereitung dieses Buches haben wir lange überlegt, welcher Begriff die Kinder, um die es hier geht, und die damit entstehende Herausforderung an die Eltern am besten beschreibt. „Schwierig" und „anstrengend" trifft vermutlich sehr gut die Gefühle vieler Eltern, die sich scheinbar endlosen Debatten und alltäglichen Kleinkriegen mit ihren Kindern ausgeliefert sehen. Leider haben diese Begriffe auch einen negativen Beiklang, und genau dies möchten wir gern vermeiden. In der Fachliteratur findet sich häufig der Begriff „temperamentvoll", der auf das zusätzliche Potenzial an purer Energie und Intensität verweist, das diesen Kindern zur Verfügung steht, ohne damit einen negativen Unterton zu verbinden. Ähnlich zielt „willensstark", ohne eine Bewertung zu beinhalten, auf das Energiepotenzial, das für Eltern oftmals einfach kräftemäßig eine dauernde Anstrengung bedeutet. Im Folgenden werden wir die genannten Begriffe abwechselnd verwenden, aber oftmals auch einfach nur von „dem Kind" sprechen. Gemeint ist dann in der Regel ein temperamentvolles, willensstarkes und für die Eltern herausforderndes Kind.

Die folgende Skala beschreibt Stufen unterschiedlicher Intensität der Herausforderung, die ein Kind für Eltern und Umwelt bedeuten kann.

Fügsam/	temperamentvoll/	schwierig	widerspenstig	explosiv
lenkbar	willensstark			

In diesem Buch geht es um den Umgang mit Kindern, die in der Mitte dieser Skala angesiedelt sind. Dabei ging es uns nicht darum, ein perfektes Erziehungsprogramm aufzustellen oder Ihnen ein Patentrezept dafür an die Hand zu geben, wie Sie mit Ihren Kindern umgehen können. Wir wollen vielmehr Einsichten vermitteln, die Ihnen helfen können, Ihr Kind, gerade das anstrengende und manchmal schwierige Kind, besser zu verstehen, seine Bedürfnisse zu erfüllen und so eine stabile und bereichernde Beziehung zu Ihrem Kind aufzubauen. Dieses Buch möchte Ihnen Handwerkszeug zur Verfügung stellen, damit Sie Ihrem Kind auf seinem Weg zur Eigenständigkeit ein guter Begleiter sein können und eine Beziehung aufbauen, die ein Leben lang hält.

Gerade in der Erziehung gilt: Fortschritt und Lernbereitschaft sind wichtiger als Perfektion.

Ob Sie dieses Buch allein, mit Ihrem Ehepartner oder in einer Elterngruppe lesen – eines sollten Sie nicht aus dem Blick verlieren: Fortschritt ist wichtiger als Perfektion.

Viele Eltern machen den Fehler, sich selbst ständig an irgendwelchen Erziehungsidealen oder an anderen Eltern zu messen. Als wir selbst im Umgang mit unseren temperamentvollen Söhnen nach Wegen suchten, die heftigste Zeit ohne größere Schäden zu überstehen, taten wir uns mit anderen Eltern zusammen, und daraus entstand ein Eltern-Mutmach-Programm. Über die Jahre begegneten wir in solchen Gruppen vielen Eltern, die meinten, der Erziehung ihrer Kinder einfach nicht gewachsen zu sein. Sie verglichen sich ständig mit vermeintlichen Supereltern. Sie wissen schon: Eltern, deren Kinder immer freundlich, kooperativ und einfach goldig sind und nie vergessen „bitte" und „danke" zu sagen. Eltern, bei denen jeder Tag mit einem Lächeln beginnt, die nie aus der Haut fahren oder in Tränen ausbrechen. Eltern, die immer wissen, wann und wie sie sich Gehör verschaffen müssen – Supereltern eben. Um es gleich zu sagen: Wir sind solchen Supereltern nie begegnet, obwohl wir gehört haben, dass es sie geben soll.

Wenn Sie solche Supereltern sind – herzlichen Glückwunsch! Doch die Chancen stehen nicht schlecht, dass Sie eher so sind wie wir: nicht immer von Natur aus geduldig, liebevoll oder fröhlich, sondern oft müde und manchmal am Verzweifeln. Wir waren keine Supereltern – da müssen Sie nur unsere Kinder fragen, die jetzt selbst Eltern sind. Unsere drei Söhne zu erziehen, war vermutlich die herausforderndste und schwierigste Aufgabe, die uns je begegnet ist.

Eine tragfähige Beziehung zu Ihrem Kind ist wichtiger, als die Lösung für jede Frage zu haben.

Wir haben unsere Fehler gemacht, aber wir haben auch Erfolge erlebt, und in allem haben wir hart daran gearbeitet, eine tragfähige Beziehung zu unseren Söhnen aufzubauen und zu pflegen. Wenn Ihre Kinder zu der temperamentvollen Sorte gehören, bedeutet es zwar, dass Sie in Ihrer Aufgabe als Eltern intensiver gefordert sind, manchmal vielleicht bis an die Grenzen Ihrer Kraft. Aber dafür kann auch die Beziehung zu diesem Kind intensiver und tiefer sein. In diesem Buch finden Sie Hinweise und Anregungen, wie Sie gerade zu diesem Kind, das so anstrengend ist, eine Beziehung aufbauen können – und zugleich so für sich selbst sorgen, dass Ihnen die Situation nicht über den Kopf wächst. Wir greifen dabei auf unsere eigene Erfahrung als Eltern von drei recht energiegeladenen Söhnen zurück, aber auch auf die Erfahrung vieler anderer und auf pädagogische Fachliteratur. Nicht zuletzt war für uns unser christlicher Glaube eine wichtige Quelle von Ermutigung und Orientierung in manchmal aussichtslos erscheinenden Situationen. Auch diese Perspektive werden wir immer wieder einbringen.

Wir wünschen uns, dass dieses Buch für Ihren Weg als Eltern und Begleiter Ihrer Kinder eine echte Hilfe darstellt. Es ersetzt jedoch keine professionelle medizinische oder therapeutische Hilfe in den Fällen, wo die Probleme ein bestimmtes Maß übersteigen. Im Anhang des Buches finden Sie Adressen, die hier weiterhelfen, wenn Sie den Eindruck haben, dass diese Möglichkeit für Ihre Situation gegeben ist.

Wo stehen wir?

Mit welchen Fragen sind Eltern heute in erster Linie konfrontiert? Bei einer Umfrage in den USA und in Deutschland stellt sich schnell heraus, dass die nationalen Unterschiede sehr gering sind. Kinder sind Kinder, egal wo sie leben, und temperamentvolle Kinder fordern ihre Eltern in ähnlicher Weise, ob sie nun in Gießen in Deutschland oder in Knoxville in Tennessee leben. Auf die Frage, was Eltern an ihren willensstarken Kindern am meisten frustriert, erhielten wir Antworten wie diese:

„Mein Sohn springt jeden Morgen aus dem Bett und rast durch den Tag wie ein Lastzug auf der Autobahn. Er ist erst acht Jahre alt – und mir graut bei dem Gedanken, wie er sich wohl als Teenager verhalten wird!"

„Ich habe immer das Gefühl, dass ich mein Kind besteche – oder nachgebe, nur weil ich nicht ständig diesen Kampf mit ihr kämpfen möchte. Es kostet mich einfach zu viel Energie, wenn ich versuche, mit meiner Tochter vernünftig zu reden."

„Was machen Sie, wenn Ihr Sohn Ihnen in die Augen schaut und einfach nur ‚Nein' sagt?"

„Was soll ich tun, wenn sie mich mit ihren zwei Jahren anschaut, die Hände in die Hüften stemmt und mit den Schultern zuckt, während mein älterer Sohn die Dinge mit einem Lächeln erledigt?"

„Mein Sohn ist so erpicht darauf, dass die Dinge so passieren, wie er es sich vorstellt. Wenn das nicht der Fall ist, explodiert er regelrecht."

„Wenn ich meinen Sohn zurechtweise oder bestrafe, sieht er mich einfach an und sein Blick sagt mir: Ist mir doch egal!"

Erkennen Sie sich und Ihr Kind in einigen dieser Aussagen wieder? Was frustriert Sie an Ihrem eigenen Kind am meisten? In den Jahren unserer Begleitung von Eltern und in den von uns gesammelten Daten haben sich einige Grundbedürfnisse herauskristallisiert, die gerade für das temperamentvolle Kind entscheidend wichtig sind. Oft ist ein Verhalten, das Eltern als anstrengend erleben, eine versteckte Botschaft, die einem Hilferuf gleichkommt: „Mama, Papa, ich brauche etwas von euch, um erwachsen zu werden und zu einer reifen Persönlichkeit zu finden!" Ihr Kind wird diese Bedürfnisse nicht verbalisieren; deshalb werden wir in den folgenden Kapiteln die entscheidenden Botschaften darstellen. Im Anschluss zeigen wir Wege auf, wie Sie Ihre eigene Strategie entwickeln können, um den Bedürfnissen gerade Ihres Kindes begegnen zu können.

Temperamentvolle und willensstarke Kinder benötigen immer eine „Extraportion" von allem: von Ihrer Geduld, Ihrem Verständnis, Ihrer Kreativität oder ...

Natürlich haben alle Kinder ähnliche Bedürfnisse. Aber temperamentvolle und willensstarke Kinder benötigen einfach immer eine Extraportion von allem: von Ihrer Geduld, Ihrem Verständnis, Ihrer Kreativität oder ... Hier sind die acht Botschaften ‚anstrengender' Kinder, mit denen wir uns in diesem Buch befassen werden:

Botschaft 1: Bitte versteh mich!
Botschaft 2: Mach mir Mut! Entdecke das Positive in mir!
Botschaft 3: Hör mir zu! Rede mit mir!
Botschaft 4: Zeig mir, wie man Kooperationsbereitschaft lernt!

Botschaft 5: Setze mir Grenzen!
Botschaft 6: Hilf mir, mit Zorn und Enttäuschung umzugehen!
Botschaft 7: Gib mir Gelegenheit, Verantwortung zu lernen!
Botschaft 8: Hilf mir, selbstständig zu werden!

Mein Kind (über?)fordert mich

Vielleicht seufzen Sie manchmal: Warum muss gerade unser Kind so anstrengend sein?! All seinen Bedürfnissen nachzukommen erscheint uns manchmal als Überforderung. Manche Eltern aus unserer Studie haben uns gesagt, sie wussten schon vom ersten Tag an, dass ihr Kind einen sehr starken Willen besitzt. Andere erzählten uns, dass sie eines Tages feststellten, dass ihr Kind wesentlich mehr Kontrolle über ihr Leben besaß als sie selbst, und sie wussten gar nicht, wann und wie es dazu gekommen war. Ob Ihr Kind nun schon mit einem starken Willen geboren wurde oder sich zu einem temperamentvollen Kind entwickelt hat, spielt keine Rolle. Ihre Aufgabe besteht darin, Ihrem Kind zu helfen, seine überschüssigen Energien und seine Willenskraft in positive Bahnen zu lenken.

Möglicherweise sind Sie Eltern jenes zukünftigen Wissenschaftlers, der einmal die entscheidende Entdeckung im Kampf gegen Krebs machen wird. Sie lachen? Einige der führenden Köpfe dieser Welt waren eigensinnige Problemkinder. Wussten Sie zum Beispiel, dass es mit Winston Churchill ständig Disziplinprobleme gab? Oder dass Albert Einstein in Mathe durchgefallen war? Sie können sich sicher vorstellen, dass seine Eltern ratlos waren!

Helfen Sie Ihrem Kind, seine überschüssigen Energien und seine Willenskraft in positive Bahnen zu lenken. Das ist Ihre wichtigste Aufgabe.

Wenn wir uns hin und wieder fragten, warum gerade wir mit einem Trupp wirklich fordernder Kinder ‚gesegnet' waren, während bei allen anderen um uns herum Erziehung scheinbar ein Kinderspiel war, war uns folgende Überzeugung immer wieder eine Hilfe: Gott hatte uns *diese* Kinder gegeben ... und er hatte diesen Kindern *uns* als Eltern gegeben. Und Gott hat keinen Fehler gemacht.

Das glauben wir auch für alle anderen Eltern: Gott hat sich nicht geirrt, als er Ihnen gerade Ihr forderndes Kind anvertraute. Sie sind genau die Eltern, die Ihr Kind braucht, und Sie sind dieser Aufgabe gewachsen. Sie können den speziellen Bedürfnissen Ihres Kindes am besten gerecht werden. Auch wenn Sie manchmal das Gegenteil glauben – Gott kann und will Ihnen die Geduld und die Weisheit und die Selbstdisziplin geben, die Sie für Ihre Aufgabe benötigen.

Wenn Sie den Eltern-Job am liebsten kündigen würden, dann möchten wir Ihnen vorschlagen, sich mit anderen Eltern zusammenzusetzen, die ebenfalls temperamentvolle Kinder haben, und dieses Buch gemeinsam durchzuarbeiten. Eine unserer besten Überlebensstrategien bestand darin, mit anderen Eltern ein Netzwerk zu bilden, das den Einzelnen in seiner Erziehungsaufgabe unterstützt. Manchmal sind andere Eltern, die mit uns in einem Boot sitzen, unsere beste Quelle für Ermutigung und Information. Warum begleiten Sie uns also nicht zusammen mit anderen Eltern in unserer Studie oder zu den Elterngruppen, die ihre Erfahrungen auf diesen Seiten mitgeteilt haben? Sie können uns helfen, nicht nur die Botschaften unserer Kinder zu verstehen, sondern auch zu lernen, wie wir darauf am besten regieren.

Entwickeln Sie eine Erfolgsstrategie!

Eltern sein ist ein anstrengender Job. Und als Mutter oder Vater eines willensstarken Kindes kann man schneller an seine Grenzen kommen, als man dachte. Überstunden sind die Regel, die Bezahlung ist miserabel – und von Anerkennung kann gar keine Rede sein! Zudem sind Sie für Ihr Kind wie ein Spiegel. Wenn Sie wütend sind, wird Ihr Kind vermutlich ebenfalls wütend sein. Wenn Sie angespannt sind, sollten Sie nicht überrascht sein, wenn Sie bei Ihrem Kind dieselbe Anspannung finden. Sind Sie entspannt, energiegeladen und fröhlich, kann Ihr Kind das Leben ebenfalls etwas leichter sehen. Kinder zu erziehen ist möglicherweise die schwierigste Aufgabe in Ihrem Leben. Aber auch die wichtigste und lohnendste. Darum gleich zu Beginn drei ‚Grundgesetze' für Eltern:

Kinder zu erziehen ist möglicherweise die größte Herausforderung in Ihrem Leben. Aber auch die wichtigste und lohnendste.

1. Machen Sie Ihr Selbstwertgefühl nicht vom Verhalten Ihres Kindes abhängig. Denn wenn Sie das tun, werden Sie sich an den Tagen, an denen sich Ihr Kind positiv verhält, großartig fühlen; aber an den Tagen, an denen es Sie zur Verzweiflung treibt, tatsächlich verzweifelt sein.

2. Verlieren Sie nie den Humor. Nehmen Sie sich selbst nicht zu ernst. Lachen baut Spannungen ab und tut Ihrer Gesundheit gut. Außerdem: Worüber Sie heute herzhaft lachen, wird zu einer guten und gern gehörten Geschichte, wenn Ihr Kind erwachsen ist.

3. Sorgen Sie gut für sich selbst – Sie sind kein Engel, und Sie brauchen genügend Schlaf und eine gesunde Ernährung. Vielleicht geht es Ihnen wie einer Mutter aus unserer Studie, die schrieb: „Es fällt mir schwer, gelassen zu bleiben, wenn ich müde bin. Ich habe dann immer das Gefühl, dass ich viel zu schnell losschreie." Geben Sie deshalb auch auf sich selbst Acht!

> *Drei ‚Grundgesetze' für Eltern:*
> *1. Sie sind nicht Ihr Kind!*
> *2. Verlernen Sie das Lachen nicht!*
> *3. Sorgen Sie gut für sich selbst!*

Für die Beziehung zu Ihrem Kind gibt es ebenfalls einige sehr einfache ‚Grundgesetze':

1. Setzen Sie gegenseitigen Respekt an erste Stelle. Wenn Sie wollen, dass Ihr Kind Sie achtet, müssen Sie auch Ihrem Kind mit Achtung begegnen.

2. Lernen Sie Ihr Kind kennen und verstehen. Planen Sie Zeiten ein, in denen Sie gemeinsam mit Ihrem Kind etwas unternehmen. So lernen Sie die Einzigartigkeit Ihres Kindes kennen und schätzen. Versuchen Sie jeden Tag ein paar Minuten zu finden, in denen Sie sich Ihrem Kind bzw. jedem Ihrer Kinder ganz speziell widmen können.

3. Ein absolutes Nein sollte gut überlegt sein – setzen Sie es sehr sparsam ein. Zum Beispiel könnten Sie an Stelle des Verbotes „Schrei nicht herum" auch sagen: „Kannst du auch ganz leise flüstern?"

Sie können auf die verbalen und die nonverbalen Botschaften Ihres Kindes antworten. Um es zu erleichtern, Ihre eigene Antwort zu finden, haben wir jedes der folgenden Kapitel in drei Teile unterteilt:

1. die Herausforderung verstehen
2. die Gegenwart gestalten und
3. gute Gewohnheiten für die Zukunft entwickeln.

Entscheiden Sie, welche Vorschläge aus diesem Buch in Ihrer Situation hilfreich und umsetzbar sind. Nicht alles ist einfach übertragbar. Entscheidend ist, dass Sie sich anregen lassen, Ihre eigene Erfolgsstrategie zu entwickeln.

Kapitel 1

Und was wurde aus der zerbrochenen Fensterscheibe?

Vielleicht haben Sie sich bei Pauls Geschichte gefragt, wie seine Mutter die Angelegenheit mit dem zerbrochenen Fenster geregelt hat. Sie hat es uns so erzählt:

„Es war kaum zu fassen, aber Paul half tatsächlich beim Aufräumen der Scherben. Als die Rechnung für die neue Scheibe kam, war er ohne lange Auseinandersetzung einverstanden, den Schaden nach und nach von seinem Taschengeld zu bezahlen. Das war nicht unbedingt zu erwarten. Aber auch das gehört zu Pauls Wesen: Er ist immer gut für Überraschungen, eine Art emotionaler Achterbahn-Fahrer, bei dem man nie weiß, was hinter der nächsten Kurve lauert ..."

Auch heute, einige Jahre später, gibt es immer wieder Überraschungen mit Paul. Aber seine Eltern sagen, sie haben gelernt, seine Botschaften zu verstehen und gemeinsam Wege zu finden, damit angemessen umzugehen.

Wenn wir die acht Botschaften unserer Kinder betrachten, werden wir immer wieder Vorschläge machen, wie Sie auf die dahinter verborgenen Bedürfnisse eingehen können. Andere Eltern haben es geschafft – und Sie können es auch!

Botschaft Eins:
Bitte versteh mich!

„Meine beiden Töchter – beide recht fordernd und willens-stark – sind sehr unterschiedlich und ich freue mich auf ganz unter-schiedliche Weise an ihnen. Die eine ist gesprächiger und eher ge-meinschaftsorientiert; das macht mir viel Spaß. Die andere ist eher analytisch begabt, und das tut der wissenschaftlichen Seite in mir gut."

„Woran kann ich erkennen, wann es dran ist, dass mein Sohn seinem Temperament Ausdruck verleiht, und wann ich ihn zurück-pfeifen muss?"

➤ *„Wir sind von unserem Persönlichkeitstyp her so verschieden, in vielem haben wir unterschiedliche Ansichten und interpretieren die Dinge anders."*

➤ *„Oft ertappe ich mich dabei, dass ich mich frage, ob mein Kind wohl ganz normal ist. Wie kann ich erkennen, was für einen Jungen in seinem Alter ‚normal' ist, um entscheiden zu können, wann ich die Dinge einfach laufen lassen kann, anstatt immer so streng zu sein?"*

„Mum, ich wollte nie in allen Fächern Spitze sein!" Ich (Claudia) starrte meine Sohn ungläubig an. Wie konnte es jemandem in den Sinn kommen, nicht so gut wie nur möglich mit seinen Talenten zu wuchern? Und gute Schulnoten waren schließlich gute Chancen fürs Leben. Wer war dieses Kind? Hatten Sie in der Klinik vielleicht die Babys vertauscht? Ich konnte ihn einfach nicht verstehen. Ich komme aus einer Familie, in der Schulabschlüsse und akademische Titel der Schlüssel zum Erfolg waren ... und der Schlüssel zu einem guten Selbstbild. Ich bin okay, wenn ich Spitzenleistungen erbringe. Ich erinnere mich daran, wie es mich deprimierte, wenn ich einmal nur ein „Gut" statt ein „Sehr gut" unter meinen Arbeiten fand. Und jetzt war ich Mutter eines Sohnes, den gute Schulnoten anscheinend überhaupt nicht interessierten.

Ein anderer Tag, dasselbe Kind. Ein weiteres Beispiel dafür, dass ein Außerirdischer unter unserem Dach lebte, der behauptete, er sei mein Sohn. Nach langen Überredungsversuchen erklärte er sich schließlich bereit, mit mir in die Stadt zu fahren, um ihm ein neues Hemd zu kaufen. Natürlich haben wir nicht den gleichen Geschmack. Ich wollte das eher klassische gestreifte, er bestand auf dem Paisley-Muster.

‚In Ordnung', dachte ich, ‚diese Sache lohnt keinen Streit. Da kann ich nachgeben.'

„Eigentlich", sagte ich, „steht dir dieses Paisley-Muster wirklich gut. Von mir aus nehmen wir es."

„Mum", antwortete mein Sohn, „warum zerbrichst du dir meinen Kopf?"

Wir kauften das Hemd – das, das er wollte –, aber raten Sie mal, wer

das Hemd nie anzog? Ich verstand einfach nicht, was in ihm vorging. Sein eigenwilliger älterer Bruder war mir so ähnlich, dass wir zwar häufig aneinander gerieten, aber ich konnte ihn wenigstens verstehen. Dieser Sohn war völlig anders. Und wenn ich einmal anfing zu hoffen, dass ich ihn doch ein wenig verstehen könnte, kam garantiert eine 180-Grad-Wendung in seinem Verhalten, die meine Hoffnung erbarmungslos zunichte machte.
Ich bin nicht die einzige Mutter, der es so geht.

„Was ist nur mit meiner kleinen Tochter los?", fragte eine Mutter in unserer Elterngruppe. „Mit fünf kam ich noch irgendwie klar, aber seit sie sechs geworden ist, ist sie zu einem kleinen Vulkan geworden, der explodiert, sobald ich ihr in die Quere komme."
„Ich kann Sie gut verstehen", meinte eine andere Mutter. „Immer wenn ich glaube, meinen temperamentvollen Sohn zu begreifen, macht er eine völlige Kehrtwendung. Letztes Jahr machte ihm die Schule Spaß. Dieses Jahr gibt es jeden Morgen Tränen und ständig klagt er über Bauchschmerzen. Was soll man da nur machen?"

Die Herausforderung verstehen

Können Sie sich mit diesen Eltern identifizieren? Das Problem bei temperamentvollen Kindern ist, dass das Kind just in dem Augenblick sein Verhalten verändert, wenn wir gerade mit viel Mühe begriffen haben, warum es sich auf eine bestimmte Weise verhält. Und wenn das Kind noch dazu sehr durchsetzungsstark ist, wird die Sache nicht leichter. Unvorhersehbarkeit ist die Norm. Diese Unberechenbarkeit des Verhaltens macht einen großen Teil der Anstrengung aus, die temperamentvolle Kinder für ihre Eltern bedeuten: Man weiß einfach nie, wann die nächste unvorhergesehene Herausforderung erfolgt und wie sie aussieht. Überraschende Veränderungen sind das einzig Verlässliche, womit Eltern bei einem temperamentvollen Kind auf jeden Fall rechnen können!

Erkennen Sie unterschiedliche Entwicklungsphasen und die einzigartige Persönlichkeit Ihres Kindes – ebenso wie Ihre eigene.

Lassen Sie sich nicht von einer vorübergehenden Phase irritierenden Verhaltens Ihres Kindes zermürben – während Sie sich deswegen noch völlig verrückt machen, hat Ihr Kind längst eine andere Verhaltensvariante an den Tag gelegt.

Der beste Rat, den wir geben können, lautet: Lassen Sie sich nicht von den momentanen Launen Ihres Kindes zermürben – während Sie sich deswegen noch völlig verrückt machen, hat Ihr Kind längst eine andere Verhaltensvariante an den Tag gelegt. Die gute Nachricht daran: Jede Phase bedeutet einen Fortschritt. Jede Phase vergeht auch wieder und jede Phase bedeutet einen kleinen Schritt auf dem Weg zur Reife. Wenn Sie aber gerade mitten in diesem Abenteuer Erziehung stecken, sollten Sie lernen, was es über typische Phasen und Entwicklungsstadien zu lernen gibt. Wenn Ihr Kind dann harte Zeiten durchmacht, dann wissen Sie, dass das völlig normal ist – und dass diese Phase vorübergehen wird!

Nur eine Entwicklungsphase?

„Warum ist mein Achtjähriger so empfindlich gegenüber Kritik?" „Warum ist meine knapp Zehnjährige so launisch?" Um auf Fragen wie diese antworten zu können, müssen wir etwas über die kindliche Entwicklung wissen und über die Phasen, die Kinder dabei durchlaufen. Die normale Entwicklung von Kindern zielt darauf ab, dass sie sich ihre Unabhängigkeit erarbeiten. Glücklicherweise müssen wir Eltern ihnen nicht erst beibringen, dass Entwicklung zum Leben gehört. Dennoch ist es gut, wenn wir etwas an der Hand haben, das uns die Meilensteine kindlicher Entwicklung aufzeigt. Wir brauchen ein Bewusstsein für die unterschiedlichen Altersstufen und Entwicklungsphasen, denn das hilft uns, unsere Kinder in ihrem körperlichen, geistigen, emotionalen, sozialen und seelischen Wachstum zu fördern. Für Kinder mit einem starken Willen gilt dies in besonderem Maße. Wir verweisen an dieser Stelle auf die Entwicklungsmerkmale zu den verschiedenen Altersstufen, die Sie im Anhang auf S. 205 ff. finden. Dort können Sie nachlesen, welche Verhaltensweisen, Einstellungen und Stimmungslagen typisch sind und welches Maß an Reife Sie von Ihrem Kind in den jeweiligen Lebensphasen erwarten können.

Die körperliche Entwicklung

Die körperliche Entwicklung folgt einer vorhersehbaren Ordnung, doch jedes Kind hat seinen individuellen Zeitplan. So sitzen manche Säuglinge erst mit acht Monaten und fangen dann auch gleich zu krabbeln an. Andere hingegen sitzen mit sechs Monaten und genießen es für eine Weile, die Welt aus dieser Perspektive zu erleben und dabei vielleicht ein paar plappernde Laute von sich zu geben. Ein solches Kind mag vielleicht noch ein paar Wochen brauchen, bis es krabbelt, dennoch sind beide völlig normal. Wenn Sie ein sehr temperamentvolles Kind haben, war es mit großer Wahrscheinlichkeit weniger zufrieden und fügsam, als Babys normalerweise sind, sondern bereits als Säugling unzufriedener und energischer.

Nicht nur Babys haben ihren persönlichen Zeitplan. Auch unseren älteren Kindern müssen wir das Recht einräumen, bei ihrer Entwicklung Pausen einzulegen – ganz besonders, wenn es sich um eher temperamentvolle Kinder handelt. Darin nehmen wir Gottes Schöpfungsabsicht ernst, die sich in der Einzigartigkeit ihrer Persönlichkeit und ihres Temperaments ausdrückt.

Die emotionale Entwicklung

Die emotionale Entwicklung verläuft meist in Zyklen – ausgewogenen Phasen folgen Zeiten, in denen das emotionale Gleichgewicht fehlt. Phasen, in denen wir das Verhalten des Kindes als angenehm empfinden, werden abgelöst von Phasen der Unsicherheit und des Durcheinanders. Ein solches Verhalten ist zwar typisch, kann jedoch bei einem temperamentvollen Kind ausgeprägter sein. Viele Psychologen sind der Ansicht, dass innerhalb dieser

Die emotionale Entwicklung verläuft meist in Zyklen – ausgewogene Zeiten folgen Zeiten, in denen das emotionale Gleichgewicht fehlt.

Zyklen zwei Phasen besonderen Unabhängigkeitsstrebens heraus-
stechen: Da ist zum einen der Übergang zwischen dem Babyalter
und dem Vorschulalter (die Trotzphase ab etwa zwei Jahren) und
zum anderen der Übergang vom Kind zum Jugendlichen (am Anfang der Teenager-Zeit). (Was unseren willensstarken Sohn betrifft,
so waren allerdings fast alle Phasen seiner Entwicklung von einem
ungewöhnlichen Unabhängigkeitsdrang gekennzeichnet!)

Da Ihr Kind in diesen Phasen sein Empfinden für die eigene Person immer stärker entwickelt, gehört ein gewisses Maß an Rebellion, Stress und widerspenstigem Verhalten zu einer gesunden Entwicklung dazu – besonders ausgeprägt wird sich das bei einem Kind
mit einem starken Willen bemerkbar machen. Rechnen Sie also
damit, dann können Sie solche Zeiten besser überstehen. Eltern, die
sich dieser Entwicklungsphasen bewusst sind, erkennen, dass es sich
bei diesem unerwünschten Verhalten nicht um wirkliche Rebellion
oder um Zeichen elterlichen Versagens handelt. Nein, dieses Verhalten ist wichtig für die Entwicklung des Kindes und hilft ihm, ein
größeres Maß an Unabhängigkeit zu entwickeln – in körperlicher,
geistiger, emotionaler und spiritueller Hinsicht wie auch im Hin-
blick auf sein Sozialverhalten.

In unseren Eltern-Kursen benutzen wir das Raster auf S. 28. Es
soll Eltern helfen, sich und ihre Kinder besser zu verstehen. Das ist
nicht immer einfach. So sagte uns eine Mutter: „Wenn Persönlichkeiten aufeinandertreffen, kann es schon ganz schön hoch
hergehen. Ich bin ein ‚Macher‘, mein Mann ist ein ‚Denker‘, mein
Sohn ein ‚Vermittler‘ und meine Tochter ein ‚Schmetterling‘, der
von einer Blume zur nächsten flattert.“

Was für eine Persönlichkeit hat mein Kind?

Wie gut verstehen Sie die Persönlichkeit Ihres Kindes? Nicht bei allen Kindern ist ihr lebhaftes Temperament sofort erkennbar. Ein
ausgeglichenes, ruhiges Kind kann einen Willen aus Stahl besitzen
und plötzlich ganz neue Maßstäbe in Sachen Trotz setzen! Ein häufig verwandtes Muster der Persönlichkeitstypen, wie Sie es in Abbildung 1 auf Seite 28 sehen, kann Ihnen helfen, den herausragenden

Persönlichkeitszug Ihres Kindes zu entdecken. Doch zunächst möchten wir Sie mit einigen temperamentvollen Kindern bekannt machen – vielleicht wohnt das eine oder andere von ihnen ja auch in Ihrem Haus!

Sandra und Steven – die Schmetterlinge

Der positiven Ausstrahlung von Sandra und Steven kann sich keiner entziehen. Sie sind sehr extrovertiert und es macht Spaß, mit ihnen zusammen zu sein. Sie bereiten gerne mal eine Party vor und sind dann mit Sicherheit auch der Star des Abends! Sandra und Steven besitzen wenig Hemmungen und sind äußerst impulsiv – für Eltern eine Furcht erregende Mischung. Wie Schmetterlinge flattern sie von einem Vorhaben zum nächsten. Ihre Absichten sind durchaus ernst, aber es fehlt ihnen die Kraft zum Durchhalten. So kommt es, dass sie Spielzeug, Kleidungsstücke oder unvollendete Projekte hinter sich zurücklassen, während sie sich wie ein LKW unaufhaltsam einem neuen Vorhaben zuwenden.

In der Schule legen es Schmetterlinge darauf an, dass die schulischen Pflichten ihre sozialen Interessen nicht einschränken. Lehrer beschreiben solche Kinder als verspielt oder auch leicht beherrschend, und in der Regel gibt es häufiger Ermahnungen, der Schule mehr Gewicht in ihrem Engagement einzuräumen.

Marc und Mara – die Macher

Marc und Mara können gut organisieren; sie sind die geborenen Leiter. Wenn sie da sind, bekommt es jeder mit. Sie sind entschlossen und besitzen genügend Selbstsicherheit für eine ganze Familie. Es macht ihnen einfach Spaß, anderen zu sagen, wo's lang geht. Entweder erliegt man ihrem Charme oder man findet sie schlicht unmöglich.

Weil Marc und Mara einen solch starken Willen besitzen und sich mit aller Kraft für eine Sache einsetzen, dominieren sie manchmal andere Menschen oder „gehen über Leichen" – insbesondere was ihre Eltern angeht. Die Schränke ihrer Geschwister betrachten sie als Allgemeingut und bedienen sich großzügig daraus. Geduld und Mitgefühl sind eindeutig nicht ihre Stärken. Lehrer sind begeistert von ihrer schnellen Auffassungsgabe, kämen aber bestens ohne ihren Sarkasmus aus. Bei Kindern, die zu den Machern gehören, ist die temperamentvolle Art gegenüber den anderen Persönlichkeitstypen am augenfälligsten.

Gero und Gabriela – die Gemütlichen

Kindern wie Gero und Gabriela würde man unter allen Persönlichkeitstypen am wenigsten nachsagen, sie seien temperamentvoll. Doch sie zeigen ihr Temperament nur auf eine angenehmere Art. Mit ihrem Humor nehmen sie die Dinge leicht. Sie sind locker, ruhig und werden selten wütend – außer man kommt ihnen in die Quere oder muss ihnen mit einem absoluten Nein eine Grenze setzen. Oft scheinen sie in ihrer eigenen Welt zu leben. Einer unserer Söhne meinte dazu einmal: „Es gefällt mir hier drinnen!"

Das Leben ist für Gero und Gabriela eine angenehme Erfahrung ohne große Abenteuer. Ihre größten Schwächen sind Schwerfälligkeit und fehlende Motivation. Doch wenn sie die Motivation finden und sich ein persönliches Ziel setzen, können sie alle Energiereserven mobilisieren und eine ganze Menge erreichen. Oft bleiben sie jedoch unter ihren Möglichkeiten und können Lehrer wie Eltern zur Verzweiflung bringen.

Erik und Eileen – die Ernsthaften

Erik und Eileen sind temperamentvolle Kinder mit einer eher introvertierten Persönlichkeit. Sie sind kreativ und erstaunen uns manchmal mit ihren Einsichten – z.B.: „Mama, versuchst du etwa, mich zu manipulieren?" Doch Unheil droht, wenn Erik und Eileen in eine negative, selbstversunkene und grüblerische Haltung verfallen.

Während Sandra und Steven ihre Gefühle offen ausdrücken, besitzen Erik und Eileen zwar sehr tiefe Empfindungen, lassen sie aber nicht immer nach außen dringen. Oft fahren sie mit ihren Gefühlen Achterbahn – mal rauf, mal runter; mal himmelhoch jauchzend, mal zu Tode betrübt. Schnell kommen sie zu dem Entschluss, dass keiner sie mag und dass ihr Bruder oder ihre Schwester von den Eltern vorgezogen wird.

Erik und Eileen sind Kinder mit einem sehr ausgeprägten Pflichtbewusstsein. Ihre Lehrer schwärmen uns vor, welch gute Schüler sie sind, dass sie das Leben aber nicht ganz so ernst nehmen sollten.

Botschaft Eins: Bitte versteh mich!

Welche Kombination haben Sie in Ihrer Familie?

Mit Sicherheit werden Sie einige der genannten Merkmale in Ihrem Kind entdeckt haben. Nehmen Sie also jetzt die Persönlichkeit Ihres Kindes einmal genauer unter die Lupe. Uns war dabei eine einfache Typologie eine Hilfe (s. S. 28). Natürlich ermöglicht Ihnen unsere einfache Darstellung keine tief greifende Analyse, doch Sie kann Ihnen helfen, die Stärken und Schwächen Ihres Kindes zu erkennen.

Versuchen Sie, die Persönlichkeit Ihres Kindes zu verstehen. So können Sie ihm helfen, seine Stärken aus-zubauen und manche seiner Schwächen zu überwinden.

Wo gehört Ihr Kind am ehesten hin? Möglicherweise verbindet Ihr Kind auch mehrere Persönlichkeitstypen in sich, wobei jedoch ein Persönlichkeitstyp dominiert. Etwa so: 60% Macher und 40% Ernsthafter oder 70% Schmetterling und 30% Gemütlicher. Wenn Sie ein willensstarkes und temperamentvolles Kind haben, besitzt es vermutlich einige Charakterzüge des Machers. Es hat durchaus seinen Sinn, wenn wir uns Gedanken über die Persönlichkeit unserer Kinder machen; denn dann können wir ihnen helfen, ihre Stärken auszubauen und manche ihrer Schwächen zu überwinden. Und wir selbst lernen auf diese Weise, unsere Erwartungen an unsere Kinder zu überprüfen. Positive und negative Seiten gehören zusammen – und eine solche Persönlichkeitseinschätzung ist eine Hilfe, diese Tatsache besser zu akzeptieren.

Kapitel 2

Nehmen Sie anschließend dieselbe Grafik noch einmal zur Hand, um Ihre eigenen Schwächen und Stärken festzustellen. Denn Ihr Temperament hat ebenfalls Einfluss darauf, wie Sie mit Ihrem Kind umgehen. Wenn Sie als Mutter oder Vater zum Beispiel ein Macher sind, werden Sie möglicherweise häufig zu viel Kontrolle über das Kind ausüben. Eltern vom gemütlichen Typ sind vielleicht manchmal zu passiv und lassen ihren Kindern zu viel durchgehen. Wenn Sie Ihr persönliches Temperament kennen, werden Sie für Ihre eigenen Schwächen ebenso sensibel und wachsam sein wie für die Schwächen Ihres Kindes.

Abb.1

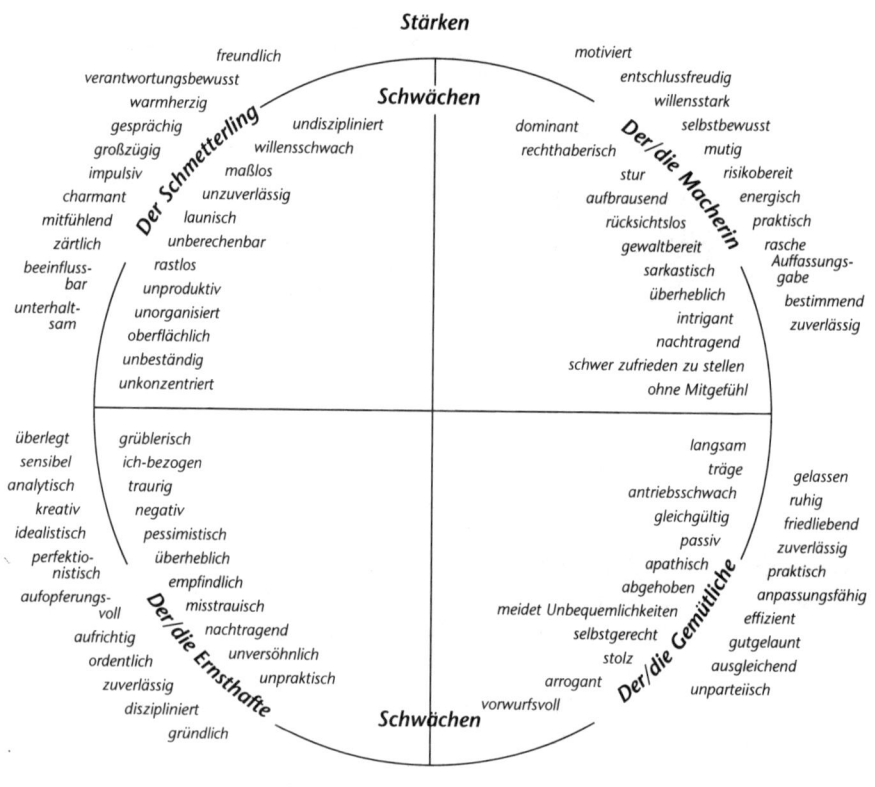

Verstehen Sie die Grundorientierung Ihres Kindes

Das Persönlichkeitsmuster bietet eine Hilfe, um Ihr temperamentvolles Kind verstehen zu lernen. In unseren Elterngruppen haben sich auch die folgenden Gegensatzpaare als hilfreiche Kriterien erwiesen. Es gibt zwar manche Überschneidungen zwischen der Persönlichkeitsanalyse, die wir soeben betrachtet haben, und diesen beiden Paarungen, doch die Kombination beider Typologien vermittelt Ihnen ein umfassenderes Bild vom Charakter Ihres Kindes. Das erste Gegensatzpaar befasst sich mit der Art und Weise, wie wir auf unsere Lebensumstände ganz allgemein reagieren, das zweite behandelt unsere Beziehungen zu Menschen.

1. Autonomiebetont oder assimilierend

autonomiebetont — — — — — — — — — — — — assimilierend

Jeder Mensch befindet sich an irgendeinem Punkt dieser Linie, die unsere generelle Ausrichtung im Leben widerspiegelt. Wo würden Sie Ihr Kind ansiedeln?

Erinnern Sie sich zum Beispiel an die ersten Wochen Ihres Kindes. Wie reagierte Ihr Kind auf Lärm? Wurde es als Baby immer unruhig, wenn Sie den Staubsauger anschalteten, oder brachte das Geräusch Ihr Kind zum Schlafen? Ist es für Ihr Kind wichtig, ob die Lichter nachts an oder aus sind? Wird Ihr Krabbelkind jedes Mal nervös, wenn Ihr Nachbar den Rasenmäher anmacht oder sein Motorrad startet? Kann Ihr achtjähriges Kind die ganze Welt um sich herum vergessen, während es wie gebannt auf den Fernseher starrt – selbst wenn das Telefon klingelt, das Baby schreit oder die Mikrowelle piepst?

Wie reagiert Ihr Kind auf Veränderungen in gewohnten Zeitabläufen? Behält Ihr Baby zum Beispiel seine Schlafgewohnheiten bei, wenn Sie zu Beginn Ihres Urlaubs stundenlang im Auto unterwegs sind; oder fängt es bei jedem Zwischenstopp zu schreien an? Kann sich Ihre siebenjährige Tochter auf langen Fahrten friedlich selbst beschäftigen oder fragt sie andauernd: „Wann sind wir endlich da?"

Autonomiebetont: Wenn Ihr Kind autonomiebetont veranlagt ist, wird es seine Umwelt vermutlich sehr bewusst wahrnehmen. Man könnte Ihr Kind beschreiben als geschäftig, aktiv, durchschaubar, aufgedreht, willensstark, aggressiv, schwierig, temperamentvoll; es ist aufgabenorientiert und der „geborene Leiter". Temperament-volle und willensstarke Kinder sind in aller Regel in der Grundorientierung Ihres Lebens eher autonomiebetont als assimilierend.

> *Temperamentvolle und willensstarke Kinder sind in aller Regel in der Grundorientierung Ihres Lebens eher autonomiebetont als assimilierend.*

Assimilierend: Wenn Ihr Kind assimilierend veranlagt ist, kann es die Welt um sich herum völlig vergessen. Es ist vermutlich unbekümmert, gelassen, flexibel, ruhig und passiv. Ihr Kind mag faul, langsam und selbstzufrieden erscheinen, doch es ist vermutlich sehr zärtlich, kuschelt gern und besitzt viel Humor.

Die meisten Kinder liegen irgendwo zwischen diesen beiden Extremen. Sie sind weder völlig autonomiebetont noch völlig assimilierend veranlagt. Das eine Kind gewöhnt sich schnell an die neue Umgebung, wenn die Familie umgezogen ist, hat aber in anderen Bereichen Anpassungsschwierigkeiten. Ein anderes Kind (in der Regel ein eher assimilierend veranlagtes) reagiert heftiger auf Krankheiten oder Schulstress. Das schwierige Kind ist selten assimilierend.

2. Extrovertiert oder introvertiert

extrovertiert — — — — — — — — — — — — — — — introvertiert

Eine weitere persönliche Neigung bezieht sich auf unseren Umgang mit Menschen. Jeder von uns sucht in unterschiedlichem Maß eher den Kontakt zu Menschen oder ist auf den Schutz seiner Privatsphäre bedacht. Wo steht Ihr Kind?

Spielt Ihr Kind gern mit Gleichaltrigen oder anderen oder

braucht es viel Zeit für sich allein? Geht Ihr Kind gern an einen ruhigen Ort, um dort für sich zu sein – die Schaukel im Garten oder ein stilles Plätzchen im Park? Oder verbringt es seine Zeit lieber mit gemeinschaftlichen Aktivitäten oder an Orten, wo ‚etwas los ist'?

Steht Ihre achtjährige Tochter bei Familienfesten im Mittelpunkt des Geschehens oder hängt sie an Ihrem Rockzipfel und fühlt sich unter all den Menschen unwohl? Wird Ihr Kind beim Besuch der Krabbelgruppe unruhig und quengelig, weil ihm das Durcheinander und das Gewusel auf die Nerven gehen? Oder macht es ihm Spaß, von allen Mamis bewundert zu werden und von einem Schoß zum anderen zu hüpfen?

Extrovertiert: Wenn Ihr Kind gerne unter Menschen ist, ist es vermutlich sehr kontaktfreudig, amüsant und auf Beziehungen hin orientiert. Ihr Kind schließt sich gerne den Aktivitäten einer Gruppe an, ist immer auf dem Sprung, erreicht viel, engagiert sich manchmal für zu viele Dinge auf einmal; gleichzeitig kann es unorganisiert und vergesslich sein.

Introvertiert: Ihr Kind ist sehr kreativ, musisch und künstlerisch begabt, ein guter Zuhörer, nachdenklich und zufrieden; es neigt zu Selbstbespiegelung und Melancholie. Ihr Kind braucht seine Privatsphäre, ist sehr sensibel und möchte gerne auch mal allein sein.

Introvertierte Kinder machen emotional manche Höhen und Tiefen durch. Sie halten sich lieber im Hintergrund und schließen sich nur widerstrebend Gruppenaktivitäten an. In der Regel besitzen sie eine sehr reiche Gemüts- und Gedankenwelt.

Wie extrovertiert oder introvertiert ein Kind veranlagt ist, lässt sich bereits sehr früh erkennen. Ein acht Monate altes Mädchen in unserer kirchlichen Tagesstätte zeigte ihre zurückgezogene Art bereits ziemlich deutlich. Sie war völlig zufrieden, wenn sie sich in ihrem Bettchen befand und eine Decke lose über ihrem Kopf lag. Dort schlief sie, knabberte an ihren Keksen herum und babbelte glücklich vor sich hin. Deckte man sie jedoch auf, wurde sie sofort unruhig und begann zu weinen. Die vielen Kinder und Erzieher um sie herum waren ihr zu viel.

Schwierige Kinder gibt es sowohl unter den extrovertierten als unter den introvertierten Persönlichkeiten. Nicht alle temperamentvollen Kinder sind extrovertiert.

Kapitel 2

Ist mein Kind ein ADHS-Kind?

Wenn Eltern ihr Kind als schwierig empfinden, stellt sich auch häufig die Frage, ob die Schwierigkeiten vielleicht eine medizinische Ursache haben. 1987 wurde ADHS (Aufmerksamkeits-Defizit-Hyperaktivitäts-Syndrom) als Krankheitsbild zuerst beschrieben. Der Begriff wurde schnell zum Pauschaletikett für alle Auffälligkeiten, die es nur weitläufig mit Konzentrationsschwäche, Hyperaktivität und motorischer Unruhe oder Impulsivität zu tun hatten. ADHS lässt sich schwer diagnostizieren und noch schwerer ist es, mit dieser Störung angemessen umzugehen. Die Grenzziehung zu anderen Verhaltensauffälligkeiten ist schwierig und der Begriff ADHS wird vielleicht zu schnell als Etikett verwendet. Ärztlichen Rat sollten Sie suchen, wenn Sie als Eltern häufig irritiert sind vom Verhalten Ihres Kindes oder seiner Unfähigkeit, richtig zuzuhören oder sich zu beherrschen.

Hinweise, ob eine Untersuchung auf ADHS angebracht ist, können auch die folgenden Beobachtungen geben:

Unser Kind

- *zappelt ungewöhnlich häufig mit Händen und Füßen.*
- *kann schlecht stillsitzen.*
- *wandert mit seiner Aufmerksamkeit schnell von einer Sache zur nächsten.*
- *lässt sich schnell von äußeren Reizen ablenken.*
- *kann in Gruppen schlecht warten, bis es an die Reihe kommt.*
- *platzt in der Schule mit Antworten heraus, bevor es gefragt wird oder bevor die Frage richtig gestellt ist.*
- *kann nur mit Mühe eine Anweisung von anderen bis zum Schluss ausführen.*

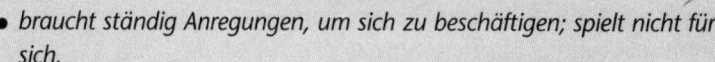

- *braucht ständig Anregungen, um sich zu beschäftigen; spielt nicht für sich.*
- *redet sehr viel, unterbricht andere und verlangt nach viel Aufmerksamkeit.*
- *scheint oft nicht zu hören, was man ihm sagt.*
- *verliert häufig Dinge, die es für die Ausführung einer Aufgabe oder einer Absicht braucht.*
- *Lässt sich oft auf waghalsige körperliche Unternehmungen ein, ohne ein Gespür für mögliche Gefahren zu zeigen.*

Wenn die meisten dieser Beobachtungen auf Ihr Kind zutreffen, sollten Sie den Rat eines Arztes in Anspruch nehmen. ADHS-Kinder zeigen im Wesentlichen drei Auffälligkeiten: motorische Hyperaktivität, geringe Konzentration und Impulsivität.[1]

Lernen Sie sich selbst kennen!

Damit Sie Ihre Kinder wirklich einschätzen und verstehen können, müssen Sie sich selbst kennen und wissen, wie sich Ihr Erziehungsstil auf die Beziehung zu Ihren Kindern auswirkt. Passte auf Sie als Kind die Beschreibung „temperamentvoll"? Verhalten Sie sich heute eher autonomiebetont oder eher assimilierend?

Damit Sie Ihre Kinder wirklich einschätzen und verstehen können, müssen Sie sich selbst kennen.

33

Autonomiebetonte Eltern
Stellen Sie sich die folgenden Fragen, um festzustellen ob sie zu den autonomiebetonten Eltern gehören.

		Ja	Nein
1.	Neigen Sie dazu, über Ihr Kind zu bestimmen und alle Entscheidungen selbst zu fällen?	❏	❏
2.	Sagen Sie manchmal: „Du tust das, weil ich es sage!" oder: „Ich bin dein Vater / deine Mutter! Und wehe, du stellst meine Autorität in Frage!"?	❏	❏
3.	Neigen Sie zu Überreaktionen?	❏	❏
4.	Werden Meinungsverschiedenheiten für Sie schnell zu Grundsatzangelegenheiten?	❏	❏
5.	Fällt es Ihnen schwer, auch einmal nachzugeben?	❏	❏
6.	Stellen Sie feste Regeln auf, an die Ihre Kinder sich zu halten haben?	❏	❏
7.	Haben Sie sehr feste Standpunkte, die Sie Ihren Kindern entsprechend deutlich mitteilen?	❏	❏

Wenn Sie bei den meisten dieser Fragen mit „Ja" geantwortet haben, neigen Sie als Mutter/Vater zu einem autonomiebetonten Verhalten. Sie sollten vielleicht lernen, etwas gelassener zu sein, die Dinge nicht ganz so ernst zu nehmen und auch mal einfach Spaß zu haben. Lassen Sie ab und zu die Arbeit liegen, setzen Sie sich zu Ihrem spielenden Kind auf den Boden oder genießen Sie mit ihm die Blumen draußen auf der Wiese. Überprüfen Sie Ihre Prioritäten. Ist denn ein sauberer Boden wirklich wichtiger als ein aufgeregtes Kleinkind, das vergisst beim Hereinkommen die Schuhe abzustreifen, weil es Ihnen unbedingt den Marienkäfer zeigen möchte, den es gefangen hat? Oder ist eine Rolle Klopapier wertvoller als die Kreativität Ihres Fünfjährigen, der gerade Doktor spielt und den „gebrochenen" Arm seiner Schwester verbindet?

Botschaft Eins: Bitte versteh mich!

Assimilierende Eltern

Wenn die oben gestellten Fragen nicht auf Sie zutrafen, sollten Sie die folgenden genau betrachten:

	Ja	Nein
1. Sie erlauben in der Regel alles, was Ihr Kind vorhat.	❏	❏
2. Es fällt Ihnen schwer, sich durchzusetzen.	❏	❏
3. Es fällt Ihnen schwer, „die Dinge in die Hand zu nehmen".	❏	❏
4. Es macht Ihnen Spaß, mit Ihren Kindern selbst wieder Kind zu werden.	❏	❏
5. Sie machen aus einer Mücke keinen Elefanten, aber Sie setzen sich auch für Dinge mit hoher Priorität nicht mit Nachdruck ein.	❏	❏
6. Es fällt Ihnen leicht, sich auf neue Situationen einzustellen.	❏	❏
7. Sie braten für Ihr Kind schon mal eine „Extrawurst", wenn es eine bestimmte Speise nicht mag.	❏	❏

Nun, haben wir Sie treffend beschrieben? Assimilierende Eltern sind sehr liebevoll und lassen vieles zu, haben aber Probleme sich durchzusetzen. Kinder müssen zwar auch lernen, eigene Entscheidungen zu fällen und ihr Leben selbst zu gestalten, doch ein Zweijähriger besitzt noch nicht den Weitblick, den es braucht, um über Wohl und Weh einer ganzen Familie zu bestimmen. Doch weil es assimilierenden Eltern so leicht fällt, sich auf neue Situationen einzustellen, macht es ihnen besonders Mühe, Verantwortung zu übernehmen.

Assimilierende Eltern würden sich am liebsten mit ihren Kindern auf eine Stufe stellen und haben daher meist ein viel entspannteres Verhältnis zu ihren Kindern. Für solche Eltern sind die Teenager-

Jahre der Kinder oft wesentlich angenehmer, doch sie berauben ihre Kinder dadurch leicht der verantwortungsvollen Führung, noch bevor es an der Zeit dazu ist.

Bei uns bin ich (Claudia) der autonomiebetonte Elternteil, während David zu einer assimilierenden Haltung neigt. Wir mussten uns gemeinsam darum bemühen, ein angemessenes Gleichgewicht bei der Erziehung unserer drei Söhne zu finden. Wenn Sie als Partner in dieser Hinsicht unterschiedlich sind, führt das zwar zu vielen Meinungsverschiedenheiten. Gerade Ihre Unterschiedlichkeit als Eltern kann Ihnen aber helfen, einen ausgewogenen Erziehungsstil zu finden, und Ihre Erziehungsarbeit stärken. Ich selbst habe meist alles ganz wichtig genommen, während David fast alles als nebensächlich ansah. Gemeinsam fanden wir ein gesundes Gleichgewicht zwischen zu viel Toleranz und zu viel Strenge.

Gerade Ihre Unterschiedlichkeit als Partner kann Ihnen helfen, einen ausgewogenen Erziehungsstil zu finden.

Extrovertiert oder introvertiert?

Sind Sie eher kontaktfreudig oder neigen sie zur Zurückgezogenheit? Betrachten Sie die folgenden Beschreibungen:

Extrovertiert: Hat Ihr Haus offene Türen – dann könnte das ein Hinweis darauf sein, dass Sie als Eltern sehr kontaktfreudig sind. Mit kontaktfreudigen Eltern hat man viel Spaß. Wenn sie mit den Kindern zu Hause sind, gibt es immer viel zu lachen. Extrovertierte Eltern sind unternehmungslustig; sie lieben Menschen ganz allgemein und Kinder im Speziellen. Doch sie sind häufig zu beschäftigt und vernachlässigen ihre Kinder, ohne es zu merken, weil sie sich zu viele Aufgaben aufgeladen haben. Eine junge Frau erzählte uns: „Alle liebten meine Mutter, aber sie war nur selten zu Hause." Extrovertierte Eltern neigen auch dazu, ihre Kinder zu irgendwelchen Aktivitäten zu drängen, nur weil sie selbst so gerne etwas unternehmen.

Introvertiert: Wenn Sie sehr kreativ, beständig und organisiert sind, wenn Sie Ihre Aufgaben gut erledigen und gerne allein sind, dann sind sie vermutlich ein Vater / eine Mutter des introvertierten, zurückgezogenen Typs. Wenn Sie allein sind, wissen Sie sich in bester Gesellschaft! Doch vielleicht sind Sie etwas zu zurückhaltend und unflexibel. Sie können ziemlich streng und perfektionistisch sein und manchmal ist Ihre Kritik zu harsch. Introvertierten Eltern gelingt fast alles, selten scheinen ihnen die Dinge aus der Hand zu gleiten, doch sie wirken nur selten zufrieden.

Die Gegenwart gestalten

Egal, wie die Persönlichkeiten und Grundorientierungen in Ihrer Familie kombiniert sind – ein unkooperatives, willensstarkes Kind kann alle falschen Knöpfe auf einmal im absoluten falschen Moment drücken. Allzu leicht fühlen wir uns dann entmutigt und kommen uns als Eltern wie Versager vor. Deshalb ist eine wichtige Voraussetzung, um den Ruf unseres Kindes nach Verstanden-Werden beantworten zu können, die, dass wir uns über unsere eigenen Gefühle gegenüber unserem Kind klar werden.

Die eigenen Gefühle wahrnehmen

In unserer Arbeit mit Eltern konnten wir beobachten, dass bestimmte Gefühle im Blick auf die Kinder immer wieder auftauchten: Schuldgefühle, Scham und Zorn. Bei Eltern von willensstarken und fordernden Kinder traf dies nahezu immer zu.

Verbreitete Emotionen von Eltern gegenüber ihren Kindern:
1. Schuld
2. Scham
3. Zorn

Schuldgefühle

In einer Talk-Runde zu Erziehungsfragen wurde ein renommierter Kinderpsychologe gefragt: „Was machen Eltern am häufigsten in der Erziehung falsch?" Die Antwort lautete: „Sie entwickeln Schuldgefühle." Schuldgefühle sind wie eine ansteckende Krankheit. Man erbt sie von den Eltern oder erwirbt sie aufgrund falscher Annahmen darüber, was es heißt, ein guter Vater oder eine gute Mutter zu sein. Viele glauben, „gute Eltern" erkenne man daran, dass es in der Familie ständig harmonisch zugeht und die Kinder immer glücklich und zufrieden sind. Wenn also ein Kind nicht glücklich ist oder ständig Konflikte heraufbeschwört, nehmen sie an, dass sie als Eltern versagt haben. Nehmen Sie sich einen Moment Zeit für eine kurze „Inspektion" Ihrer Gefühle gegenüber Ihren Kindern. Entdecken Sie Schuldgefühle? Es ist Zeit, sich davon zu verabschieden und sich stattdessen auf Ihre Aufgabe als Mutter oder Vater zu konzentrieren. Haben Sie immer davon geträumt, ideale Kinder zu haben? Und jetzt gibt es ständig Zoff? Und Sie fühlen sich schuldig? Lassen Sie diese Vorstellungen von perfekter Familienharmonie hinter sich. Wenn Sie die Sache vom Glauben her betrachten, überlegen Sie einmal Folgendes: Gott ist sicherlich der vollkommene Vater, aber die Bibel ist voll von Geschichten darüber, wie seine Kinder ihm die kalte Schulter zeigen. Wieso also sollten wir perfekte Kinder erwarten?

> *Schuldgefühle entstehen aufgrund falscher Annahmen darüber, was es heißt, ein guter Vater oder eine gute Mutter zu sein. Viele glauben, „gute Eltern" erkenne man daran, dass es in der Familie ständig harmonisch zugeht und die Kinder immer glücklich und zufrieden sind.*

Scham

Alle Eltern kennen von Zeit zu Zeit das Gefühl von Scham. Kinder sind Meister darin, peinliche Situationen für die Eltern heraufzubeschwören – und das gilt im Kleinen wie im Großen. Welch tiefe Scham müssen zum Beispiel Eltern empfinden, deren Kinder kriminell werden und als Mörder oder Vergewaltiger überführt werden? Aber selbst wenn es nicht so drastisch kommt: Scham empfinden wir auch, wenn unsere Kinder einen Lebensstil wählen, der unseren Werten völlig zuwiderläuft. Dann gibt es noch die kleinen Alltagspeinlichkeiten wie in unseren Augen ‚unmögliche' Frisuren oder vulgäre Kleidung unserer Teenager, ein pubertierender Sohn, der ewig lange erfolgreich die Benutzung der Dusche verweigert oder ein Vierjähriger, der lauthals durch den voll besetzten Bus schreit: „Mami, ich hasse dich. Du bist so gemein." Wenn Sie dieses Schamgefühl im Blick auf Ihr temperamentvolles Kind kennen, können die folgenden Fragen helfen, es hinter sich zu lassen. Vielleicht sind Sie zu streng mit sich selbst. Fragen Sie sich:

- ❑ Vergleiche ich mein Kind mit anderen, vorwiegend mit lenkbaren und leicht zufrieden zu stellenden Kindern?
- ❑ Kümmere ich mich zu viel darum, was andere von meinen Erziehungskünsten halten?
- ❑ Erwarte ich vielleicht von meinem eigensinnigen Kind die Reife eines Erwachsenen?
- ❑ Hängt mein eigenes Selbstwertgefühl vom sehr unvorhersehbaren Verhalten meines Kindes ab?

Vielleicht ist es an der Zeit, die Dinge wieder in die richtige Perspektive zu rücken. Die Herausforderung durch ein willensstarkes Kind ist ohnehin groß genug; Sie müssen sich nicht auch noch selbst klein machen. Erinnern Sie sich: Dass Sie gerade dieses Kind haben, ist kein Irrtum. Sie sind gut genug als Mutter oder Vater. Und Ihr Kind ist gut dran, weil es Sie hat!

Zorn

Zorn und Ärger sind eines der größten Hindernisse für eine gesunde Eltern-Kind-Beziehung. Zorn kann sich offen zeigen – jeder kennt die schreiende Mutter und den tobenden Vater –, er kann auch versteckt sein. Wer Ärger in sich hineinfrisst, wird früher oder später bitter und zynisch. Nicht selten wird er auch körperlich krank. Zorn ist ein sekundäres Gefühl – oftmals eine Reaktion auf entweder Angst oder Enttäuschung. Beide Emotionen sind Eltern von fordernden Kindern nur allzu gut bekannt.

    Wie wir mit unserem – unvermeidlichen – Ärger umgehen, ist entscheidend dafür, ob die

> *Zorn ist ein sekundäres Gefühl – oftmals eine Reaktion auf entweder Angst oder Enttäuschung.*

Beziehung zu unserem Kind tragfähig sein wird. Um den Umgang mit Ärger und Zorn geht es ausführlicher in Kapitel Sieben. An dieser Stelle möchten wir nur unterstreichen (denn wir haben es selbst oft genug erlebt), dass willensstarke Kinder Ärger geradezu provozieren. Es ist also normal, wenn Sie dieses Gefühl bei sich verspüren. Den konstruktiven Umgang damit kann man lernen. So können Sie auch Ihrem Kind helfen, mit Wut, Enttäuschung und negativen Gefühlen umzugehen.

Unser Ärger und Zorn wird oft genug unseren Kindern gelten, die so törichte Entscheidungen treffen oder unsere Nerven bis aufs Äußerste beanspruchen. Er kann sich aber auch gegen Gott richten, weil er uns dieses Kind und alle damit verbundenen Schwierigkeiten zugemutet hat. Versuchen Sie, die Sache einmal aus dieser Perspektive zu sehen: Auch wenn Sie sich sicher nie freiwillig um den Job als Mutter oder Vater gerade dieses Kindes beworben hätten – Gott kann gerade dieses Kind gebrauchen, um auch Sie zu formen und zu verändern. Dieses Kind ist das richtige Kind für Sie. Gerade Ihr anstrengendes Kind kann in Ihrem Leben die Gelegenheit sein, selbst als Persönlichkeit zu reifen und Mitgefühl mit anderen zu entwickeln.

Kinder fordern uns heraus, uns selbst weiterzuentwickeln und die eigenen kindlichen Verhaltensmuster zu überwinden. Sie können Ihrem Kind nur ein erwachsenes Gegenüber sein, wenn Sie selbst erwachsen geworden sind.

Botschaft Eins: Bitte versteh mich!

Eine Erzieherin, selbst Mutter eines fordernden, temperamentvollen Kindes, schrieb uns: „Es ist nicht einfach, für ein schwieriges Kind wirklich dankbar zu sein. Es ist leichter, meine Vorwürfe an den Himmel zu werfen und meinen Ärger auf mein Kind zu richten. Es ist auch leicht, mir selbst Vorwürfe zu machen. Und dann kommt ein guter Freund, klopft mir auf die Schulter und sagt: ‚Ich weiß, du schaffst das schon‘ – gerade, wenn ich wieder einmal gegenüber meinem Kind die Beherrschung verloren habe. Wenn ich meinem Ärger nichts entgegensetze, wird er mich bitter machen und zornig auf Gott und auf mein Kind. Ich weiß, dass ich diesen Weg der Bitterkeit nicht gehen will. Und ich halte mich daran fest zu glauben, dass Gott mir alle Geduld und Weisheit und Selbstbeherrschung geben kann, die ich brauche. Und davon brauche ich sehr viel – wie jeder, der ein so forderndes Kind hat.

Ich muss mich auch immer wieder einmal daran erinnern, dass ich selbst in den schwierigsten Phasen meinem Kind vorleben möchte, was Annahme und Vergebung bedeuten. Wie wird es sonst lernen, sich selbst und andere anzunehmen?"

Wie wichtig gerade Annahme und Vergebung in der Beziehung zu unseren „Problemkindern" sind, kann gar nicht genug betont werden. Vergebung ist die Energiequelle, die die Beziehung zwischen Eltern und Kind zum Leuchten bringt. Haben Sie ein Kind, das Sie verletzt und überfordert? Wie reagieren Sie darauf?

> *Vergebung ist die Energiequelle, die der Beziehung zwischen Eltern und Kind Leuchtkraft und Ausstrahlung verleiht.*

Die Bedeutung von Annahme und Vergebung

Reagieren Sie auf eines Ihrer Kinder besonders heftig? Könnte es sein, dass Sie auf das Kind am heftigsten reagieren, das sich am meisten von Ihnen unterscheidet? Oder ist es gerade umgekehrt – Sie reagieren auf das Kind besonders scharf, das Ihnen am ähnlichsten ist? Nichts ist schließlich schlimmer, als seine eigenen Fehler im Verhalten seines Kindes wieder zu entdecken. Um zu einer positiven Beziehung zu unseren Kindern zu kommen, mussten wir sie in ihrer ganzen Persönlichkeit annehmen – so wie Gott sie geschaffen hatte. Oft gehört zur Annahme auch die Vergebung.

Eine der befreiendsten Entdeckungen unseres Lebens war die Entdeckung des Glaubens.

Kaum etwas ist schwerer zu ertragen, als seine eigenen Fehler im Verhalten seines Kindes wieder zu entdecken.

Es ist die Entdeckung einer bedingungslosen Liebe, die Gott uns entgegenbringt. Seine Liebe hängt nicht davon ab, ob wir als Eltern perfekt sind und immer alles richtig machen. Er liebt und akzeptiert uns so, wie wir sind, mit all unseren Mängeln und ohne Hintergedanken. Diese vollkommene, bedingungslose Liebe wurde in unserem Leben zu *der* treibenden Kraft schlechthin. Sie hat uns angespornt, alle Möglichkeiten zum Guten, die Gott in uns hineingelegt hat, zu entwickeln und auszubilden; und das Gleiche wollen wir auch für unsere Kinder. Dieser Wunsch ist die Folge unserer Dankbarkeit darüber, dass Gott uns annimmt, so wie wir sind, und in uns bereits jetzt das sieht, was wir noch werden können.

Aus diesem Glauben heraus können wir unseren Kindern mit einer ähnlichen Haltung begegnen. Wir sollen sie so annehmen, wie sie sind: mit ihrem starken Willen, ihrem unberechenbaren Temperament und allem was dazu gehört! Wir dürfen nicht vergessen, dass unsere Kinder, während sie heranwachsen und sich entwickeln, herauszufinden versuchen, wer sie sind. Je älter sie werden, umso reifer werden sie in allen Bereichen ihres Lebens. Wenn wir sie in allen Entwicklungsphasen so annehmen, wie sie sind, können wir sie auch ermutigen, reifer zu werden und die Möglichkeiten zu verwirklichen, die Gott in sie hineingelegt hat.

Die Bereitschaft zu vergeben

Nur allzu leicht geraten wir unseren Kindern gegenüber in negative Verhaltensmuster hinein. Eine Mutter aus unserer Studie schrieb: „Wenn bei mir oft genug der verkehrte Knopf gedrückt wurde, fällt es mir schwer, positiv zu bleiben – besonders wenn mein Mann es mir überlässt, die Kinder in ihre Schranken zu weisen. Dann reagiere ich leicht übertrieben streng."

Die meisten Eltern von willensstarken Kindern kennen solche Überreaktionen – nicht aus Unwissenheit, sondern weil sie einfach erschöpft sind von der ständigen Anspannung, die ein Tag mit einem solchen Kind bedeuten kann. Ein willensstarkes Kind lässt den Eltern oft kaum Zeit zur Entspannung oder um sich über das eigene Verhalten klar zu werden. Das führt zu Erschöpfung und dann leicht zu falschen Reaktionen.

> *Ein willensstarkes Kind bedeutet ein ständiges Kräftemessen und wenig Zeit zur Entspannung. Das führt zu Erschöpfung und dann leicht zu falschen Reaktionen.*

Was tun, wenn mir klar wird, dass ich falsch reagiert habe? Das Beste, was wir nach übertriebenen Reaktionen tun können, ist: zu unseren Kindern gehen und uns entschuldigen. Bei uns in der Familie gab es dafür das „Selber Augen auf"-Programm – frei nach Matthäus 7, Verse 3-5: „Du regst dich auf über die kleinen Schwächen deines Bruders und erkennst nicht deine eigene, viel größere Schuld. Du sagst: ,Mein Freund, komm her! Ich will dir die Augen für deine Fehler öffnen!' Dabei bist du blind für deine eigene Schuld. Du Heuchler! Kümmere dich zuerst um deine Fehler, dann versuche, deinem Bruder zu helfen. "

„Selber Augen auf" – wie geht das?

Der erste Schritt beim „Selber Augen auf" besteht darin, die eigenen negativen Reaktionen auf das Verhalten des Kindes durch positive Antworten zu ersetzen. Haben Sie sich bereits so sehr auf das Fehlverhalten Ihres Kindes eingeschossen, dass Sie Ihre eigenen Fehler nicht mehr sehen? Um die eigenen unangemessenen Reaktionen herauszufiltern, schlagen wir Ihnen Folgendes vor:

Machen Sie eine Tabelle mit drei Spalten. In die erste Spalte schreiben Sie die Fehler Ihres Kindes. Aber zeigen Sie diese Aufstellung niemals Ihrem Kind! In die mittlere Spalte schreiben Sie Ihre unangemessenen Reaktionen auf das jeweilige Fehlverhalten Ihres Kindes. Diese Spalte fällt uns meist wesentlich schwerer als das Auflisten der Fehler. Ein Beispiel: Ihr Kind kommt morgens kaum aus dem Bett. Wie reagieren Sie darauf? Brüllen Sie Ihr Kind an oder treiben Sie es an oder drohen Sie ihm? Wie könnten Sie mit dieser Situation in Zukunft anders umgehen? Die Antwort auf diese Frage schreiben Sie in die dritte Spalte. Sie könnten Ihrem Kind zum Beispiel einen Wecker kaufen. Sie könnten ihm sagen, dass es selbst dafür verantwortlich ist, morgens aufzustehen. Legen Sie fest, welche natürlichen Konsequenzen sich ergeben, wenn Ihr Sohn oder Ihre Tochter verschläft – z.b. kein Fernsehen an diesem Tag oder eine halbe Stunde früher ins Bett an diesem Abend.

Hier noch ein weiteres Beispiel:

Unerwünschtes Verhalten des Kindes:	Unangemessene Reaktion der Mutter / des Vaters:	Angemessene Reaktion:
Ständige Streitereien mit den Geschwistern	*Macht sich zum Schiedsrichter; schreit die Kinder an, sie sollten mit dem Streiten aufhören*	*Erkennen, dass die Kinder dieses Problem lösen müssen; zulassen, dass sie ihren Streit selbst regeln, solange sie einander körperlich nicht verletzen; ihnen Mut machen, ihre Gefühle verbal mitzuteilen.*

Eltern als Streitschlichter?

Temperamentvolle Kinder überfahren ihre Geschwister häufig. Deshalb erscheint es manchmal nötig, dass die Eltern in Streitigkeiten unter den Geschwistern eingreifen. Wenn Sie das tun, beachten Sie Folgendes:

- *Präsentieren Sie keine Lösung für den Streit.*
- *Helfen Sie Ihren Kindern vielmehr, selbst eine Lösung zu finden.*

Formulieren Sie Fragen, die die Sichtweise aller Beteiligten zur Sprache bringen, und formulieren Sie auch, welche Konsequenzen die Vorschläge zur Lösung hätten. Vielleicht kommt es nicht zur in Ihren Augen idealen Lösung. Aber widerstehen Sie der Versuchung, einzugreifen – es sei denn, die gefundene Lösung führt zu noch größeren Problemen. So helfen Sie Ihren Kindern, aus ihren Fehlern zu lernen.

Seien Sie dankbar für das Positive

Bemüht sich Ihr Kind, in der Schule sein Bestes zu geben? Versucht es, seine Temperamentsausbrüche zu zügeln? Ist es bereit, zur Lösung von Problemen beizutragen? Listen Sie die positiven Ansätze und Handlungen Ihres Kindes auf und seien Sie dafür dankbar. „Orientiert euch an dem, was gut, liebenswert und schön ist. Wo immer ihr etwas Gutes entdeckt, das Lob verdient, darüber denkt nach." Diesen Rat gab der Apostel Paulus der Gemeinde in Philippi als Grundgesetz für das Zusammenleben (Philipper 4,8). Wir haben erlebt, dass er auch im Blick auf unsere Beziehung zu unseren Kindern sehr befolgenswert ist.

Allzu oft brüten Eltern über dem Negativen und halten es ihren Kindern vor, sodass das Kind nur negative Botschaften bekommt. Nur zu leicht werden wir zu Menschen, die immer „ein Haar in der Suppe finden" und sämtliche Mängel und Fehler ihrer Kinder aufzählen. Wenn wir nur das Negative sehen – und das gilt besonders für die turbulenten Jahre der Pubertät –, bewirken wir damit nur, dass unsere Kinder sich abgelehnt, unverstanden und wertlos fühlen, ihr Zuhause meiden und allem nachrennen, was unter Ihresgleichen gerade „in" ist.

Konzentrieren Sie sich lieber auf die positiven Qualitäten Ihres temperamentvollen Kindes. Seien Sie bereit, sich bei Ihrem Kind zu entschuldigen, wenn Sie übertrieben reagiert und wieder einmal alles vermasselt haben. So bereinigen Sie die Sache und können Ihr Kind wieder bedingungslos annehmen und das Positive in ihm wieder in den Blick bekommen.

Unsere Kinder sind so unterschiedlich und einzigartig. Als Eltern müssen wir versuchen, jedes Kind in der Einzigartigkeit, in der Gott es geschaffen hat, anzunehmen. Das erreichen wir, indem wir uns für jedes Kind Zeit nehmen. Wir dürfen nicht vergessen, dass die Beziehung zu unseren Kindern über Jahre hinweg aufgebaut wird. Darum sollten wir uns darum bemühen, immer wieder mit jedem einzelnen Kind allein Zeit zu verbringen.

Vergessen Sie als Vater oder Mutter nie: Sie sind der Erwachsene in dieser Beziehung. Sie müssen den ersten Schritt tun und negative Situationen in etwas Positives verwandeln.

Unsere Aufgabe als Eltern hört ja nicht auf, weil unsere Kinder sich ändern. Während die Kinder heranwachsen, machen sie verschiedene vorhersehbare Phasen durch. Das gilt auch für das willensstarke Kind, wenn auch die Veränderungen und das Durchleben unterschiedlicher Phasen intensiver erlebt werden. Manche dieser Phasen sind angenehm und andere eher nicht; doch jede Phase lässt Ihr Kind ein Stückchen reifer werden. Vergessen Sie als Eltern nie, dass Sie der Erwachsene in dieser Beziehung sind. Sie müssen den ersten Schritt tun und negative Situationen in etwas Positives verwandeln. Sie können noch heute anfangen, Ihre Beziehung zu Ihrem Kind zu verbessern. Jetzt ist es an der Zeit, diesen einzigartigen Menschen, den Gott Ihrer Familie anvertraut hat, zu verstehen, zu lieben und anzunehmen.

Gute Gewohnheiten für die Zukunft entwickeln

Es ist keine leichte Aufgabe, Ihr Kind zu verstehen – besonders, wenn Sie von Ihrem Persönlichkeitstyp her sehr gegensätzlich sind. Wie Sie anhand der Persönlichkeitstypologie Ihr Kind besser verstehen können, wurde oben schon dargestellt. Aber auch im Alltag gibt es viele Möglichkeiten, wie Sie mehr Einblick in die Welt gewinnen können, in der Ihr Kind denkt, fühlt und die Ereignisse des Tages erlebt. Die wichtigste Investition, die Sie dafür tätigen müssen, ist Zeit: Zeit, die Sie mit Ihrem Kind verbringen und gestalten und in der Sie ganz für Ihr Kind da sind.

Botschaft Eins: Bitte versteh mich!

„Nur wir beide"-Zeiten

Jedes Kind braucht gemeinsame Zeit mit jedem Elternteil. Wenn Sie solche „Nur wir beide"-Zeiten zu einer festen Tradition machen, wird es leichter, sich diese Zeit tatsächlich zu nehmen und einzuplanen. „Nur wir beide"-Zeiten sind Zeiten, in denen Sie nur mit Ihrem Kind ganz gezielt etwas unternehmen und in denen Störungen möglichst ausgeschaltet sind. Das beginnt im Säuglingsalter mit einer Viertelstunde Kuscheln auf der Krabbeldecke. Später ist es vielleicht die Vorlesestunde mit Ihrem Vorschulkind, ein Bastelnachmittag mit Ihrer Sechsjährigen oder ein gemeinsamer Nachmittagsausflug mit Ihrem zehnjährigen Sohn. Bis zum Ende des Grundschulalters lieben Kinder diese „Nur wir beide"-Zeiten und fordern sie sogar ein. Natürlich brauchen auch ältere Kinder diese Art von Zuwendung, aber Sie sollten sich hüten, gemeinsame Unternehmungen mit Ihren Teenagern „Nur wir beide"-Zeiten zu nennen. Auf jeden Fall sollten Sie es zu einer Prioriät machen, dass solche gemeinsamen Zeiten tatsächlich stattfinden – am besten regelmäßig und verlässlich.

Planen Sie Familienaktivitäten!

Gemeinsame Aktionen, die allen Familienmitgliedern Spaß machen, stärken das Wir-Gefühl und vermitteln Ihnen als Eltern wertvolle Einsichten über das Wesen und die momentane Befindlichkeit Ihrer Kinder. Erkunden Sie zu Fuß oder mit den Fahrrädern Ihre Umgebung, gehen Sie miteinander Beeren pflücken, rodeln oder lassen Sie Drachen steigen. Viel Spaß kann es auch machen, gemeinsam neue Spiele oder Bücher zu entdecken.

Nehmen Sie Anteil an den Lieblingsbeschäftigungen und Hobbys Ihrer Kinder!

Die meisten Kinder sind bis zu einem bestimmten Alter dankbar dafür, wenn sie von den Eltern zu ihren Sportwettkämpfen, Ballettaufführungen oder musikalischen Darbietungen begleitet werden, und Sie haben die Gelegenheit, ganz neue Seiten an Ihrem Kind wahrzunehmen. Interessieren Sie sich auch für die Bücher, die Ihre Schulkinder gerne lesen, und die Musik, die sie bevorzugen! Kleine Kinder lieben es, wenn Mama oder Papa mal ausgiebig mit im Sand buddeln oder sich auf kindliche Rollenspielideen einlassen.

„Ich sag dir was ...“

Auf spielerische Weise können Sie viel darüber in Erfahrung bringen, was in Ihrem Kind vorgeht. Wir haben dafür ein Familien-Frage-und-Antwort-Spiel entwickelt. Sie können sich entweder gegenseitig Fragen stellen oder Sie spielen es als Spiel, in dem die folgenden Impulssätze vervollständigt werden – und zwar von jedem Mitspieler. Hier einige Beispiele für den Anfang:

- Was ich an unserer Familie wirklich mag, ist ...
- Eines meiner Lieblingsspiele ist ...
- Mein Traumberuf ist ...
- Ein tolles Urlaubsziel für unsere Familie wäre ...
- Wenn ich mit Mama oder Papa einen Nachmittag allein verbringen könnte, würde ich gerne ...
- ...

Solche Impulsfragen lassen sich in den verschiedensten Situationen einbringen – bei einer gemütlichen Teerunde, während einer langen Autofahrt, vielleicht sogar im Wartezimmer des Kieferorthopäden! Dazu könnten Sie eine Auswahl von Fragen auf Zettelchen schreiben, sie zu Losen falten und in einer kleinen Dose, die jederzeit in der Handtasche verstaut werden kann, aufbewahren. Statt Lose zu ziehen, können Sie einzelnen Fragen z.B. auch die Farben von Smarties zuordnen. Dann lassen Sie nach dem Mittagessen eine Smartiesrolle kreisen, jedes Familienmitglied schüttelt sich ein Bonbon heraus und beantwortet die „rote“ oder „gelbe“ Frage.

Offene Türen erkennen

Achten Sie darauf, wann Ihr Kind besonders bereitwillig erzählt oder mit Ihnen redet. Nutzen Sie solche mitteilsamen Phasen. Sie können sie auch herbeiführen, indem Sie einen geeigneten Rahmen schaffen, in dem es leichter ist, miteinander zu plaudern:

- Plätzchen-Pause. Wenn Sie Plätzchen backen, lassen Sie es nicht dabei bewenden, die Vorratsdose aufzufüllen und in die Küche zu stellen. Setzen Sie sich gemeinsam hin und knabbern gemütlich.
- Hören Sie zusammen Musik, lesen Sie ein Bilderbuch vor und sprechen darüber, oder sehen Sie zusammen einen Kinderfilm an.

Botschaft Eins: Bitte versteh mich!

- Basteln oder werken Sie zusammen, z.b. ein Wandbild aus geeigneten Küchenvorräten wie Hülsenfrüchte, Nudeln, Getreide ... oder den gesammelten Schätzen des letzten gemeinsamen Spaziergangs.
- Erledigen Sie kleine Besorgungen gemeinsam. Der Weg zum Laden kann zur Entdeckungsreise werden.

Entdeckungswanderung

Machen Sie mit Ihrem Kind eine kleine Wanderung in die Natur. Sprechen Sie darüber, was Sie alles entdecken:

- Staunen Sie darüber, dass die Farben der Schöpfung nie unharmonisch sind.
- Wenn ich ein Blatt wäre, welche Art von Blatt wäre ich dann?
- Welche Farbe wäre ich gern?
- Staunen Sie über die Verschiedenheit und Vielfalt in der Natur und in Ihrer Familie: Worin unterscheiden wir uns?

Rollenspiel am Mittagstisch

Wenn es feste Plätze an Ihrem Esstisch gibt, können Sie daraus ein amüsantes Spiel machen. Tauschen Sie die Plätze – und nun muss jeder sich so verhalten wie derjenige, auf dessen Platz er sitzt.

Botschaft Zwei: Mach mir Mut!

▶ *„Ich bin häufig so ungeduldig und wütend und sehe dann fast nur noch das Negative. Wenn mir das bewusst wird, versuche ich, innezuhalten und mir klar zu machen, dass ich gerade nicht sehr positiv denke."*

▶ *„Ich habe mir zum Ziel gesetzt, geduldiger, positiver und ruhiger zu sein – und das möglichst einen ganzen Tag lang!"*

Kapitel 3

Der neunjährige Sven hatte eine Phase besonderer Hartnäckigkeit. Sven ist in der Regel unnachgiebig, wenn es nicht nach seinem Kopf geht, was nicht selten zu Konflikten mit seinen Geschwistern führt, die seine Nörgeleien und Forderungen nicht immer ertragen wollen. Die negative Seite seiner Sturheit war jedem deutlich; dass seine Beharrlichkeit aber auch positive Seiten hatte, wurde bei einer Wanderung klar, die er im November mit seinem Vater machte.

In der Gegend, in der sie wandern wollten, hatte es bereits geschneit. Nun mussten sie sich für eine Route entscheiden. Die meisten Wege waren recht lang und Sven und sein Vater hätten auf halbem Weg umkehren und den gleichen Weg zurückgehen müssen. Nur in der Nähe des Sees gab es einige Rundwege, die in der geplanten Zeit gut zu bewältigen waren. Sie waren zwar auf der Wanderkarte nicht verzeichnet, aber durch Wegmarkierungen gut gekennzeichnet.

Sven und sein Vater starteten zu ihrer Nachmittagstour um den See. Nach der Hälfte der Strecke entdeckten sie, warum der Weg nicht auf der Karte verzeichnet war. Der Weg verlief sehr dicht am Ufer und war stellenweise vereist. Das Gehen war mühsam, das Ufer steil abschüssig und die ganze Unternehmung nicht ungefährlich. Aber sie hatten schon mehr Zeit gebraucht als vorgesehen, es wurde bereits dunkel und die bereits zurückgelegte Wegstrecke war länger als die, die noch vor ihnen lag. Sie entschlossen sich, weiterzugehen.

Hier erwies sich die Hartnäckigkeit von Sven als Hilfe. Er war entschlossen, das geplante Ziel wie vorgesehen zu erreichen. Andere Kinder hätten vermutlich protestiert oder aufgegeben und den Weg für Svens Vater noch beschwerlicher gemacht. Als sie glücklich zu Hause ankamen, fiel der Bericht von ihrer abenteuerlichen Wanderung etwas enthusiastischer aus, als es ihnen streckenweise tatsächlich zumute gewesen war.

Svens Mutter hatte sich Sorgen gemacht. Die waren wie weggewischt, als sie sah, wie Sven strahlte, als sein Vater berichtete, wie großartig Sven diesen schwierigen Weg gemeistert hatte und welche Hilfe er für ihn gewesen war. Diese Winterwanderung liegt nun zwar schon einige Jahre zurück, aber Sven und sein Vater halten die Erinnerung daran lebendig und erzählen die Geschichte jedem, der sie hören will.

Botschaft Zwei: Mach mir Mut!

Haben Sie auch ein Kind, das Sie mit seinem „Eigensinn" manchmal zur Verzweiflung treibt? Können Sie sich vorstellen, dieser „Sturheit" auch etwas Positives abgewinnen zu können? Oder ist dieser Charakterzug für Sie nur eine Schwäche? Welche Haltung vermitteln Sie Ihrem Kind? Reagieren Sie nur zornig, wenn Ihr Sohn wieder einmal Ihren Geduldsfaden allzu sehr strapaziert hat – oder halten Sie Ausschau nach positiven Auswirkungen einer starken, aber wenig kooperativen Persönlichkeit? Helfen Sie Ihrem Kind, ein positives und gleichzeitig anpassungsfähiges Selbstkonzept zu entwickeln. Das ist eine der größten Herausforderungen als Eltern eines willensstarken Kindes. Kinder lernen, wer sie sind, durch die Etiketten, die wir ihnen anheften.

Die Herausforderung verstehen

Verschiedene Kinder wurde gebeten, zehn verschiedene Fortführungen für die Aussage: „Ich bin ..." aufzuschreiben. Ein Kind schrieb: „Ich bin hässlich. Ich bin nicht sehr klug. Ich bin traurig." Ein anderes schrieb: „Ich bin gut im Zeichnen. Ich bin lustig. Ich bin klug." Was denken Sie, würde Ihr Kind schreiben?

Und, noch wichtiger: Was würden Sie über Ihr temperamentvolles Kind schreiben? Würden Sie schreiben: „Mein Kind ist anstrengend"? Oder würden Sie schreiben: „Mein Kind gibt nicht so schnell auf"? Würden Sie schreiben: „Mein Kind ist weinerlich" oder: „Mein Kind drückt seine Gefühle offen aus"? „Mein Kind ist verbohrt" oder: „Mein Kind konzentriert sich sehr stark auf eine Sache und lässt sich nicht leicht ablenken"?

Der Blick für das Positive, die Fähigkeit zuzuhören, sowie die ungeteilte Aufmerksamkeit für das schwierige Kind sind entscheidend.

Vermeiden Sie negative Etiketten

Wenn Sie feststellen, dass Ihnen zunächst mehr negative als positive Vokabeln einfallen, um Ihr Kind zu beschreiben, ist es an der Zeit, eine neue Perspektive zu gewinnen. Negative Begriffe drücken dem Kind einen negativen Stempel auf – das führt zu einem negativen Verhalten. Und wenn wir unser „temperamentvolles" Kind als „schwieriges Kind" ansehen, so wird unser Kind vermutlich auch schwierig werden! Deshalb ist dieses Kapitel so wichtig, in dem es darum geht, das Positive zu betonen! Auch in einem Kind, das rebellisch oder explosiv ist, stecken positive Eigenschaften. Als Eltern haben wir die Wahl: Wir können das einzigartige Temperament unseres Kindes positiv sehen oder negativ.

> **Wenn Sie feststellen, dass Ihnen zunächst mehr negative Vokabeln einfallen, um Ihr Kind zu beschreiben, als positive, ist es an der Zeit, eine neue Perspektive zu gewinnen.**

Es mag zwar stimmen, dass die Erziehung eines temperamentvollen Kindes eine größere Herausforderung darstellt als die Erziehung eines angepassten Kindes, trotzdem muss es kein Negativerlebnis sein – schon gar nicht, wenn Sie bereit sind, sich auf die positiven Seiten zu konzentrieren. Trotzdem haben wir es als Eltern mit solchen Kindern nicht leicht. Das Negative hat die Tendenz, das Positive zu verdrängen. Und die Umwelt – Verwandte oder Spielgefährten – ist meist sehr schnell mit Kritik bei der Hand.

Sandra graut es regelmäßig vor dem Besuch ihrer Mutter. Vom ersten bis zum letzten Moment dieser Besuche muss sie sich nämlich anhören, wie sie mit ihrer temperamentvollen 4-jährigen Tochter Annette umgehen sollte und was für eine miserable Mutter sie ist. Während die Großmutter Annettes ältere Schwester über den grünen Klee lobt, verhält sie sich Annette gegenüber kühl und distanziert. Annette wiederum ist jedes Mal froh, wenn die Großmutter wieder aus dem Haus ist. Sie spürt die Ablehnung und ist entsprechend unfreundlich. Gleichzeitig versucht sie sich in Szene zu setzen, um die Aufmerksamkeit ihrer Mutter zu bekommen. Sandra fühlt sich zwischen beiden wie gefangen.

Botschaft Zwei: Mach mir Mut!

Viele Eltern temperamentvoller Kinder müssen sich mit Gefühlen von Schuld, Scham und Ärger auseinander setzen (vgl. Kapitel 2). Dazu kann das Gefühl kommen, das eigene Kind nicht zu mögen. Das heißt nicht, dass Eltern ihr Kind nicht bedingungslos lieben. Aber diese grundsätzliche Elternliebe schließt nicht aus, dass es immer wieder Momente oder Phasen gibt, in denen Sie als Mutter oder Vater Ihr Kind einfach unausstehlich finden. Ein Kind zu mögen, das einen gerade beschimpft oder durch sein Verhalten auf die Palme bringt, erfordert übermenschliche Geduld. Es ist normal, auch negative Gefühle zu haben. Entscheidend ist, wie Sie damit umgehen.

Das Positive sehen wollen

Vielleicht müssen Sie eine Grundsatzentscheidung treffen: Ich will meinen negativen Gefühlen nicht das Feld überlassen. Ich will bewusst Ausschau halten nach Positivem.

Warum gehen Sie das letzte Kapitel nicht noch einmal durch und schreiben alle Eigenschaften heraus, die Sie Ihrem temperamentvollen Kind zuordnen würden? Und dann überlegen Sie einmal, wie viele dieser Begriffe einen negativen Beigeschmack haben. Können Sie sich Umschreibungen vorstellen, die die unterschiedlichen Fassetten der Persönlichkeit Ihres Kindes in ein positives Licht stellen? Können Sie zum Beispiel die Melancholie und emotionalen Schwankungen in der Persönlichkeit Ihres Kindes als Sensibilität verstehen? Und wie steht es mit der weinerlichen Art Ihres Kindes; könnte sie nicht auch die Fähigkeit zu starken Gefühlen bedeuten?

Es geht hier nicht darum, irgendetwas schönzureden, was nun einmal negativ ist. Wenn das Verhalten Ihres Kindes negativ ist, ist es schwierig zu sehen, dass der Grundantrieb hinter diesem Verhalten auch in andere Bahnen gelenkt und so in etwas Positives verwandelt werden könnte. Vielleicht müssen Sie deshalb zuerst an Ihrer eigenen Einstellung arbeiten. Wie können Sie Ihr negatives Bild von Ihrem Kind in eines verwandeln, das auch Raum lässt für positive Entwicklungen? In einem nächsten Schritt fragen Sie sich, wie Sie Ihrem Kind helfen können, sich dahingehend zu verändern.

Einer unserer Söhne war das Paradebeispiel eines sensiblen, ernst-haften Menschen mit Negativbrille. Für ihn war das Glas immer halb leer anstatt halb voll. Die ganze Welt war gegen ihn. Einmal spazierte er in die Küche und fuhr mich an: „Hör endlich auf, an mir herumzunörgeln."

Ich (Claudia) war schockiert. Ich hatte kein Wort gesagt! Und das sagte ich ihm auch. Darauf kam die Antwort: „Natürlich nicht. Aber genau diese stumme Nörgelei, die hasse ich so!"

Ich kann nicht behaupten, dass es leicht war, in dieser Empfindlich-keit etwas Positives zu sehen. Aber ich habe mich bemüht. Es dauerte noch einige Zeit, bis ich seine Empfindsamkeit auch in einem positiven Licht sehen konnte: Er nahm Gitarrenunterricht, begann, Songs zu schreiben und fand darin eine Ausdrucksmöglich-keit für seine Emotionen – und die waren keineswegs immer negativ.

Heute ist er erwachsen und hat einen Beruf, in dem Kreativität und Sensibilität gefordert sind. Noch immer hat er einen Hang, die Din-ge in einem negativen Licht zu sehen. Aber er hat gelernt, mit die-sem Charakterzug so umzugehen, dass er nicht die Überhand ge-winnt. Noch immer reagiert er manchmal überempfindlich und missversteht Situationen negativ. Aber in der Regel ist seine Sensi-bilität eher eine Gabe als eine Grenze für ihn geworden.

Entdecken Sie die Chancen in den problematischen Charakterzügen Ihres Kindes. Das kann dazu beitragen, extremes Verhalten zu ver-ändern. „Self-fulfilling prophecies", Erwartun-gen, die ihre Erfüllung gleichsam herauf-beschwören, gibt es sowohl in positiver als auch in negativer Richtung. Wenn Sie die Fehler als Chancen betrachten, können Sie auch die Beziehung zu Ihrem Kind positiv verändern. In einer Studie der Universität von Nebraska wurden 3000 Familien befragt, die ein positives Selbstverständnis als Familien hatten. Es stellte sich heraus, dass dieses positive Familienbild da-mit zusammenhing, dass man sich in diesen Familien auf Stärken und positive Eigenschaften

Entdecken Sie die Chancen in den problematischen Eigenschaften Ihres Kindes. Das kann dazu bei-tragen, extremes Verhalten zu verändern.

konzentrierte. Problematische Eigenschaften wurden z.B. auf ihr positives Potenzial hin befragt und entsprechend neu benannt:

Extremes Verhalten	Neue Bewertung
verschwenderisch	*großzügig*
geschwätzig	*kommunikativ*
tyrannisch	*hat Führungsqualitäten*
hält sich an keine Regel	*innovativ und kreativ*
perfektionistisch	*sorgfältig*
übergriffig	*engagiert*
stur	*willensstark*
schüchtern, zurückhaltend	*in sich ruhend*
unterwürfig	*entgegenkommend*[1]

Wie sieht Ihre Liste aus?

Extremes Verhalten	Neue Bewertung

Eine Mutter in einer unserer Elterngruppen meinte dazu: „Ist das nicht eine Wortspielerei? Mein Kind hat negative Seiten, warum sollte ich das beschönigen und sagen, er habe analytische Fähigkeiten?"

Wie Ihr Kind über sich selbst denkt, wird zu einem großen Teil davon beeinflusst, wie Sie seiner Meinung nach über es denken.

Eine gute Frage. Zunächst einmal: Kinder betrachten sich in unseren Reaktionen wie in einem Spiegel. Ein Kind, das glaubt, dass es etwas kann beziehungsweise nicht kann, wird vermutlich Recht behalten! Und wie Ihr Kind über sich selbst denkt, wird zu einem großen Teil davon beeinflusst, wie Sie seiner Meinung nach über es denken. Wenn wir negativ über unser Kind denken, wird diese negative Haltung spürbar, selbst wenn wir sie nicht aussprechen. Auf der anderen Seite vermitteln wir unserem Kind ein positives Feedback, wenn wir es mit positiven Augen sehen. Wir werden unser Kind öfter anlächeln, werden aufmerksamer zuhören, es mehr ermutigen und mehr von unserem Kind erwarten. Wie können wir also den Blick für das Positive behalten, wenn unser „kreatives" und „ausdrucksstarkes" Kind vor dem Frühstück bereits viermal auf sein Zimmer geschickt wurde und uns zum Wahnsinn treibt?

Eine größere Perspektive

Unser Glaube war für uns immer wieder eine Möglichkeit, unsere begrenzte Perspektive erweitern zu lassen. Die Bibel bietet uns einen wunderbaren Text, den man Kindern aller Altersgruppen vorlesen kann – und auch sich selbst immer wieder zu Herzen nehmen sollte. Psalm 139 gibt uns Einblick in das Vertrauen eines Menschen in die Perspektive Gottes über seinem Leben:

Du hast mich geschaffen –
meinen Körper und meine Seele,
im Leib meiner Mutter hast du mich gebildet.
Herr, ich danke dir dafür,
dass du mich so wunderbar
und einzigartig gemacht hast!
Großartig ist alles,
was du geschaffen hast –
das erkenne ich!
Schon als ich im Verborgenen Gestalt annahm,
unsichtbar noch, kunstvoll gebildet
im Leib meiner Mutter,
da war ich dir dennoch nicht verborgen.
Als ich gerade erst Form annahm,
hast du diesen Embryo schon gesehen.
Alle Tage meines Lebens
hast du in dein Buch geschrieben
– noch bevor einer von ihnen begann!

„Wunderbar" und „einzigartig gemacht", „kunstvoll gebildet" – das sind wir in den Augen Gottes. Sie, Ihr Kind, jeder einzelne Mensch auf diesem Planeten. So sieht Gott das Erscheinungsbild, die Fähigkeiten, die Intelligenz und das Temperament Ihres Kindes – und dazu gehört auch sein starker Wille und seine ungestüme Art. Für uns war diese Perspektive immer wieder eine Hilfe, unsere Kinder (und uns selbst) mit allen problematischen Seiten in einem neuen, positiven Licht zu sehen. Wenn Sie den Mut verlieren, können Sie sich an diese Perspektive erinnern. Vielleicht können Sie Gott dann sogar danken, dass er Ihrem Kind alles gegeben hat, was es braucht, um zu einem einzigartigen Menschen zu werden, durch den die Weisheit und Größe Gottes erkennbar wird. Gott möchte

Ihnen auch die Kraft, Weisheit und Führung schenken, die Sie tag-
täglich für die Begleitung und Erziehung dieses Kindes brauchen.
Bei Gott sind alle Dinge möglich, und dazu gehört auch eine positive Einstellung zu dem Kind, das Ihnen viel abverlangt.

Die Gegenwart gestalten

Wenn wir die besonderen Charakterzüge unseres temperamentvollen Kindes in einem positiven Licht sehen, können wir
unser Kind auch entsprechend ermutigen. Goethe sagte: Wenn man
einen Menschen so behandelt, wie er ist, werde er auch so bleiben;
wenn man ihn aber so behandelt, als wäre er ein bedeutenderer und besserer Mensch, so könne er auch zu diesem bedeutenderen und besseren Menschen werden. Das ist eine groß-artige Aussage gerade im Blick auf unsere schwierigen Kinder.

> *Behandle einen Menschen so, wie er ist, und er wird so bleiben, wie er ist. Behandle ihn so, als sei er ein bedeutenderer und besserer Mensch, so kann er auch zu diesem bedeutenderen und besseren Menschen werden.*
> *(J. W. von Goethe)*

Richten Sie Ihre Aufmerksamkeit darauf,
wie die starken Charakterzüge Ihres Kindes,
unter denen Sie heute leiden, zu den besten
Gaben des Erwachsenen werden können.
Vielleicht spielt Ihr Sohn momentan noch zu
Hause den Chef, doch eines Tages ist er
vielleicht Chef einer großen Firma! Wir haben
früher oft im Scherz gesagt, unser eigenwilliger
Sohn würde einmal die Welt bewegen – auf die
eine oder andere Weise. Doch wir haben immer
versucht, uns vorzustellen, dass das, was er in
dieser Welt bewegt, etwas Positives sein wird.
Er hat uns nicht enttäuscht! Heute ist er ein
erfolgreicher Anwalt – und er hatte sein bestes Training in den
Jahren, in denen er mit uns herumdiskutiert hat!
Die Art und Weise, wie Sie Ihre Beziehung zu Ihrem Kind gestalten, wird Auswirkungen darauf haben, wie Ihr Kind als Erwachsener zurechtkommt. Geben Sie Ihrem Kind keine Hypothek
in Form von Negativurteilen mit auf den Weg. Entscheiden Sie sich

Botschaft Zwei: Mach mir Mut!

stattdessen dafür, die Grundlage für Zufriedenheit und Erfolg zu legen. Machen Sie Ihrem Kind Mut!

Kleines 1x1 der Ermutigung

In einem Kurs für Führungskräfte wurden die Teilnehmer gefragt: „Steigert es Ihre Leistungsfähigkeit, wenn Sie Ermutigung und Anerkennung erfahren?" 98% bejahten die Frage, nur 2% verneinten sie.[2] Für unseren Umgang mit unseren Kindern bedeutet dies: Ermutigung ist der Schlüssel zu einem veränderten Verhalten. Kouzes und Posner haben sieben Empfehlungen für Führungskräfte zusammengestellt, die auch für Sie als Eltern und „Ermutigungsteam" Ihres Kindes hilfreich sind.

Bilden Sie als Eltern ein „Ermutigungsteam" für Ihr Kind. So bringen Sie das Beste in Ihrem Kind zum Vorschein.

1. Setzen Sie klare Maßstäbe. Ihr Kind muss wissen, was von ihm erwartet wird.
2. Rechnen Sie mit dem Besten. Vermitteln Sie Ihrem Kind, dass Sie ihm zutrauen, es werde die Erwartungen erfüllen.
3. Seien Sie aufmerksam. Ertappen Sie Ihr Kind möglichst oft dabei, wie es etwas gut und richtig macht.
4. Sprechen Sie Anerkennung persönlich aus. Benennen Sie möglichst genau, was Sie am Verhalten oder Wesen Ihres Kindes schätzen und warum.
5. Reden Sie darüber. Scheuen Sie sich nicht, die positiven Fähigkeiten Ihres Kindes auch anderen gegenüber zu erwähnen.
6. Feiern Sie zusammen. Nutzen Sie persönliche Erfolge Ihres Kindes als Anlass, eine kleine Feier zu gestalten.
7. Gehen Sie mit gutem Beispiel voran. Als Mutter oder Vater müssen Sie selbst vorleben, was Sie predigen.[3]

Wir möchten diese sieben Grundsätze ergänzen um vier praktische Vorschläge aus unserer Arbeit mit Eltern und Familienberatern. Psychologen sagen uns, dass es fünf positive Aussagen braucht, um eine negative auszulöschen. Und damit sind wir gerade mal wieder bei Null angelangt. Was können wir tun, um gegen die Tendenz zum negativen Denken anzukämpfen?

Wir haben vier Vorschläge für Sie:

1. *Führen Sie einmal 24 Stunden lang Buch über all Ihre positiven und negativen Kommentare.* Vielleicht werden Sie überrascht sein, wie negativ Sie denken, und werden so ermutigt, das Positive stärker in den Blick zu bekommen.

2. *Konzentrieren Sie sich auf das Positive.* Damit setzen Sie um, was der Apostel Paulus seiner Gemeinde in Philippi empfiehlt (Philipper 4,8): „Wo immer ihr etwas Gutes entdeckt, das Lob verdient, darüber denkt nach." Sie können auch Gott um seine Hilfe bitten, damit Sie die positive Seite im Temperament Ihres Kindes entdecken. Jeder Persönlichkeitszug kann eine Stärke oder eine Schwäche darstellen. Üben Sie sich selbst darin, negative Extreme neu auf ihre verborgenen Chancen hin zu befragen.

3. *Helfen Sie Ihrem Kind, seine Stärken schätzen zu lernen.* Unterstützen Sie es darin, schwierige Eigenschaften in Stärken zu verwandeln. Suchen Sie nach seinen natürlichen Fähigkeiten und Interessen. Temperamentvolle Kinder schäumen oft über vor Energie. Welcher Sport vermittelt Ihrem Kind ein geeignetes Ventil für diese Energien? Ein Kind, das sich wenigstens eine Fähigkeit angeeignet hat, wird sich selbst positiver beurteilen. Und ein Kind, das sich in diesem Bereich Kompetenz erwirbt und Selbstvertrauen entwickelt, wird mit den Minderwertigkeitsgefühlen besser zurechtkommen, die unweigerlich durchlitten werden müssen, spätestens in der Pubertät. Eine Mutter schrieb uns: „Wir haben festgestellt, dass Sport

unserem Sohn sehr gut tut. Irgendjemand sagte, dass Kampf-sportarten gerade für impulsive Kinder mit viel überschüssiger Energie sehr geeignet sind. Hier können Sie ihre Energie in kon-trollierter Weise abreagieren. Gerade für temperamentvolle Kinder ist dies wichtig."

4. *Loben Sie Ihr willensstarkes Kind und machen Sie sich das zur Gewohnheit.* Wissenschaftler haben herausgefunden, dass es drei Wochen dauert, sich eine neue Ge-wohnheit anzueignen, und sechs Wochen, um sie zu verinnerlichen. Nehmen Sie sich also für die nächsten Wochen vor, Ihr Kind jeden Tag mindestens einmal zu loben. Doch Vorsicht: Ihr Lob sollte ernst ge-meint sein. Hilfreiches Lob beinhaltet zwei Elemente: Zuerst beschreiben Sie, was Sie an Ihrem Kind schätzen. Dann wird Ihr Kind in die Lage versetzt, sich selbst in diesem Bereich zu bejahen. Wie kann das aussehen?

> *Lob ist nur dann hilfreich, wenn es ehrlich gemeint ist. Halten Sie also Ausschau nach solchen Gelegen-heiten – sie kommen öfter, als Sie vermuten.*

Mutter zu ihrem Sohn: „Ich habe mich sehr darüber gefreut, wie du dich heute Nachmittag mit deinem kleinen Bruder beschäftigt hast. So konnte ich meine Arbeiten erledigen; und es war schön, euch beide lachen und spielen zu hören."
Sohn (reagiert vielleicht auf dieses Lob, vielleicht aber auch nicht) kommt zu dem Schluss: „Ich bin ein guter Babysitter. Ich habe meiner Mutter heute wirklich geholfen."

Fehler, die Sie vermeiden sollten

Zwei der wichtigsten Voraussetzungen, die ein Kind braucht, um einmal ein zufriedenes und erfolgreiches Leben zu führen, kann man nicht mit Geld erwerben. Es sind Selbstvertrauen und ein po-sitives Selbstbild. Die folgenden Grundsätze sollten Sie als Eltern deshalb beachten:

- *Bewerten Sie Ihre Kinder nicht als Person.* Wenn Sie tadeln, tadeln Sie ein bestimmtes Verhalten, aber werten Sie nie die Person.

- *Kose- oder Spitznamen können problematisch sein, auch wenn sie liebevoll gemeint sind:* „Unser Tollpatsch" könnte glauben, er sei für alle Zeiten ungeschickt ... Namen werden stark mit der Gesamtpersönlichkeit verbunden.

- *Vergleichen Sie Ihre Kinder nicht miteinander.* „Das Vergleichen ist die Quelle allen Unheils."(James Dobson)

- *Kritisieren Sie Ihr Kind nicht, wenn es einen Fehler gemacht hat.* Zeigen Sie ihm lieber, wie es den Fehler das nächste Mal vermeidet.

- *Erlauben Sie Ihrem Kind, auch Risiken einzugehen.*

- *Bestrafen Sie nicht durch Entzug von körperlicher Nähe.* Kinder brauchen Umarmungen und Küsse. Wenn Sie mit Ihren Kindern toben, spüren sie, dass sie geliebt sind.

- *Übertragen Sie Ihrem Kind Verantwortung in angemessenem Rahmen.* Kinder, die keine Gelegenheit haben, sich auszuprobieren, entwickeln Gefühle von Unsicherheit und Inkompetenz.

Das Selbstbild, das Ihr Kind gewinnt, hängt sehr stark von Ihnen als Mutter oder Vater ab. Ihr Kind ist wie ein Puzzle, das erst allmählich vervollständigt wird. Sie können sich entscheiden, ob Sie Ihren Blick vor allem auf das wundervolle entstehende Bild richten wollen oder auf die fehlenden Teile. Für das schwierige Kind ist es unverzichtbar, dass Sie seinen Hilferuf beantworten: „Mach mir Mut!" Wenn Sie als Eltern es nicht tun, wer dann?

Botschaft Zwei: Mach mir Mut!

Gute Gewohnheiten für die Zukunft entwickeln

Nur wir beide-Zeiten nutzen

Die Tradition der „Nur wir beide"-Zeiten sollten Sie weiterführen. Dass Sie sich Zeit für Ihr Kind nehmen, zeigt ihm, dass es Ihnen etwas bedeutet. Außerdem ergeben sich bei gemeinsamen Unternehmungen viele Gelegenheit, Ihr Kind dabei zu ‚ertappen', wie es etwas richtig macht.

Geburtstage sind Gelegenheiten

Ihrem Kind zu helfen, ein gutes Selbstwertgefühl zu entwickeln ist nicht immer einfach. Nutzen Sie besondere Tage, um ausdrücklich Ihre Anerkennung zum Ausdruck zu bringen. Zum Beispiel können Sie Ihrem Kind einen Geburtstagsbrief schreiben, in dem eine Art Bilanz des letzten Jahres gezogen wird: Welche Veränderungen, Stärken und Bemühungen habe ich im letzten Jahr an meinem Kind beobachtet? Hier einige Impulse, die Ihre Wahrnehmung unterstützen können:

- Was finde ich an meinem Kind originell und einmalig?
- Wo hat mein Kind deutliche Fortschritte gemacht? In Beziehungen und Sozialverhalten? In der Übernahme kleiner Aufgaben? In der Schule? Im Sport?
- Gab es vielleicht besondere Highlights, bei denen mein Kind seine Stärken zeigen konnte?
- Was hat mein Kind sich zugetraut?
- Welche schönen gemeinsamen Erinnerungen nehme ich aus diesem Jahr mit?
- Vielleicht legen Sie ein Foto vom letzten Geburtstag und ein aktuelles Foto dazu.
- Und: Achten Sie darauf, dass Ihr Brief natürlich und angemessen klingt. Gekünstelte Lobeshymnen sind nicht überzeugend, aber ein ehrliches anerkennendes Wort kann viel bewirken.

Besondere Tage: Ferien und Feiertage

Geburtstage, Festtage oder Ferien bieten ebenfalls Gelegenheit, sich untereinander Wertschätzung zu zeigen. Warum soll sich das Tischgespräch nicht darum drehen, was Sie an Ihrem Kind besonders mögen? Geben Sie solchen Tagen durch kleine Gesten eine besondere Note (Kerzen, Blumen, „Hochleben lassen" der Hauptperson, ein besonderes Lied, Lieblingsessen usw.). Entdecken Sie weitere Anlässe zum Feiern! Es gibt so viele Meilensteine in der Entwicklung eines Kindes, die Würdigung verdienen: Eintritt in den Kindergarten und die Schule, die erste Zahnlücke, das Ende eines Schuljahres, der erste Sportwettkampf usw.

Werden Sie zum „Kunstsammler"!
Ihren Kindern vermittelt es Wertschätzung, wenn Sie ihre Kunstwerke wie Bastelarbeiten und Gemälde an sichtbaren Stellen in der Wohnung „ausstellen" und vielleicht auch einmal Gäste darauf aufmerksam machen. Dabei kann der Kühlschrank, an den die Kinderzeichnungen geklebt werden, als Ausstellungsfläche dienen oder ein Fensterbrett, auf dem jeweils die neueste Bastelei arrangiert wird. Gemeinsam mit Ihrem Kind könnten Sie auch einige Gemälde auswählen und damit ganz besondere, individuelle Kalender gestalten.

Dankbarkeit zeigen
Wenn Sie beim Zu-Bett-Gehen mit Ihrem Kind beten, können Sie auch ausdrücken, wie froh und dankbar Sie sind, dieses Kind zu haben. Es ist auch eine gute Gewohnheit, das Kind vor dem Schlafengehen oder morgens vor der Schule zu segnen.

Führen Sie ein Gebetstagebuch
Notieren Sie sich in einem Tage- oder Notizbuch Ihre Gebetsanliegen für Ihr Kind. Sie müssen nicht jeden Tag etwas eintragen. Halten Sie aber fest, was Sie im Blick auf Ihr Kind im Gebet beschäftigt und was Sie Gott vortragen. Wenn Sie z. B. feststellen, dass Sie ständig mit Ihrem Kind schimpfen oder herumnörgeln, ist es Zeit für einen neuen Eintrag. Lassen Sie zwischen den einzelnen Anliegen Platz. Hier können Sie festhalten, wie die Antwort auf Ihr Gebet aussah. Wir haben für unsere Kinder lange Jahre solche Gebetstagebücher geführt. Wenn wir heute darin lesen, staunen wir darüber, wie zuverlässig Gott ist. Aus dieser Erfahrung gewinnen wir heute auch Kraft für andere Vorhaben und Anliegen.

Botschaft Zwei: Mach mir Mut!

Positivbilanz: Mein einmaliges Kind

Legen Sie eine kleine ‚Persönlichkeitschronik' Ihres Kindes an. Beginnen Sie mit einer Beschreibung der besonderen Persönlichkeit Ihres Kindes. Immer, wenn Ihnen etwas auffällt, was Ihr Kind auszeichnet, was es besonders macht, was es gut kann oder was einfach lustig ist, halten Sie es in diesem Buch fest. An Tagen, an denen Sie am liebsten Ihren Job als Mutter oder Vater hinschmeißen würden, können Sie eine neue Sicht der Dinge gewinnen, wenn Sie in diesem Büchlein blättern!

Ich bin ich

Jedes Familienmitglied schreibt eine kurze Selbstbeschreibung auf. Wenn diese vorgelesen und vielleicht von anderen ergänzt wurde, können Sie darüber sprechen, welche Eigenschaften ererbt sind und welche hart erworben.

Studieren Sie Ihr Kind

Glauben Sie nicht, dass Ihr Kind, nur weil es eben Ihr Kind ist, die Welt auch mit Ihren Augen sieht. Achten Sie darauf, wie sich die Einmaligkeit Ihres Kindes zeigt. Wenn Ihr Kind anstrengend und schwierig ist, heißt das nicht, dass Sie eine schlechte Mutter oder ein schlechter Vater sind. Kinder mit einem eigenen Kopf oder überschüssigem Temperament haben sich ja diesen Charakterzug nicht ausgesucht. Der Weg zum Erwachsen-Werden wird für sie ohnehin schon anstrengender sein als für andere. Sie brauchen Ihre Hilfe und Unterstützung. Die können Sie auch bei folgenden Gelegenheiten vermitteln:

„Ich mag dich, weil ..."

Dieses Spiel können Sie gut an einem Familienabend spielen. Jeder erhält Papier und Schreibzeug. Kinder, die noch nicht schreiben können, können einfach mündlich antworten. Jeder schreibt für jedes Familienmitglied ein Merkmal auf, das ihm am anderen gefällt. Abwechselnd werden diese „Beobachtungen" jetzt vorgelesen. Folgende Fragen können beim Start helfen:

1. Was ist die größte Stärke, die du in unsere Familie bringst?
2. Was mag ich eigentlich an unserer Familie am liebsten?
Sie dürfen gespannt sein, was Sie alles erfahren! Seien Sie auch darauf vorbereitet, über manches Kuriose herzhaft zu lachen!

Familien-Puzzle

Besorgen Sie ein Puzzle-Spiel mit einer Abbildung verschiedener Personen oder Tiere. Wir haben einmal ein Puzzle gemacht, auf dem 501 Katzen zu sehen waren! Es war kaum zu glauben, aber alle hatten irgendwo doch etwas Charakteristisches, das nur zu dieser einen Katze passte. Während Sie das Puzzle machen, können Sie darüber sprechen:

• worin jeder in der Familie einzigartig ist
• wie wir uns in unserer Familie ergänzen und zusammenpassen
• wie jeder von uns auf die anderen angewiesen ist – wir sind alle Teile im Familie-Puzzle
• worauf wir uns in unserer Familie konzentrieren wollen: das entstehende Bild oder die fehlenden Teile.

Üben Sie Geduld

Sie haben noch nicht das fertige Puzzle vor sich. Aber Sie sind Mitarbeiter Gottes an einem Meisterwerk: einem gelungenen Menschenleben. Versuchen Sie, den göttlichen Entwurf in Ihrem ‚Problemkind' so klar wie möglich zu sehen. Sie haben es für eine Weile anvertraut bekommen. Die Liebe und Annahme und Geduld, die Sie heute investieren, werden sich einmal auszahlen in einer stabilen und liebevollen Beziehung zu Ihrem schwierigen Kind. Sie dürfen uns glauben: Gerade die anstrengenden Kinder werden wundervolle Erwachsene.

Botschaft Drei:
Hör mir zu! Rede mit mir!

➤ *„Mein Sohn stampft mit den Füßen auf den Boden, schmollt, streckt mir die Zunge heraus und gibt mir freche Antworten."*

➤ *„Ich versprach meiner Tochter, dass ich sie nicht so häufig anschreien werde, wenn sie sich bemüht, mir öfter zuzuhören. Sie meinte: ‚Das ist eine Super-Idee, Mami!'"*

➤ *„Mein Sohn hört mir erst zu, wenn ich die hysterische Stimme einer Verrückten habe."*

Es ist der letzte Ferientag. Ihre zwölfjährige Tochter lässt die ganze Familie spüren, dass sie schlechte Laune hat: Die Türen knallen, wer sie etwas fragt, wird angefaucht, dann geht die Musik in ihrem Zimmer auf volle Lautstärke. Sie holen tief Luft und fragen freundlich nach, was los ist. „Ich habe nichts anzuziehen für morgen", ist die unfreundliche Antwort.
Vergessen Sie, dass Sie erst gestern einen Einkaufsbummel mit Ihrer Tochter überlebt haben. Auf Ihren freundlichen Vorschlag, doch etwas von den neu erstandenen Sachen anziehen, hören Sie: „Die sind alle blöd. Die passen gar nicht richtig. Ich kann diese Klamotten nicht leiden. Die werd ich bestimmt nie anziehen."
All Ihre mütterliche Weisheit, Geduld und Ihr kompletter Vorrat an Verständnis scheinen plötzlich wie weggewischt. Sie können sich gerade noch zurückhalten mit einer heftigen und sehr lauten Antwort von der Art, dass wir sie hier nicht wiedergeben können.

Lassen Sie sich nicht in das Gefühlschaos hineinziehen, das Ihr Kind gelegentlich durchlebt.

Kennen Sie solche Augenblicke? Und haben Sie sich immer im letzten Moment zurückgehalten? Wir nicht!

Es ist nicht immer leicht, sich zu sagen, dass das, was Sie da eben erlebt haben, eigentlich ein ganz normales Verhalten ist für einen vorpubertären Teenager, der vielleicht mit sehr gemischten Gefühlen in ein neues Schuljahr geht. Die Herausforderung an Sie als Eltern besteht darin, sich nicht in den emotionalen Strudel Ihres Kindes hineinziehen zu lassen. Wie können Sie Ihre Tochter in dieser Situation unterstützen, ohne selbst von ihrem emotionalen Wirbelsturm erfasst zu werden? Kann man wirklich ruhig und gelassen bleiben und zuhören, wenn einem ein Vulkan gegenübersitzt, der die Steinbrocken nur so aus sich herausschleudert?

Vielleicht klingt es wenig einleuchtend, aber es trifft dennoch zu: Das unleidliche Verhalten Ihrer Tochter enthält letztlich die Botschaft: „Hör mir zu. Rede mit mir!" Wie Sie dieses Gespräch immer wieder beginnen und führen können, darum geht es auf den folgenden Seiten.

Die Herausforderung verstehen

Anna, die Mutter der vierjährigen Carolin, erzählte in unserer Müttergruppe die folgende Begebenheit: „Ich habe immer Bauchschmerzen, wenn ich mit meiner Tochter in den Supermarkt gehen muss. Sie möchte immer alles Mögliche haben. Wenn ich nein sage, gibt es ein fürchterliches Geschrei. Gestern wollte sie sämtliche Müsli-Sorten kaufen, die im Regal stehen! Dann erzählte sie am laufenden Band, während wir uns durch die Regalreihen arbeiteten. Ich hatte es eilig, nach Hause zu kommen, bevor mein Sohn von der Schule kam. Deshalb ignorierte ich sie mehr oder weniger und nickte nur hier und da. Als wir schließlich an der Kasse standen, sagte sie laut und vernehmlich zu einer fremden Frau in der Schlange: ‚Du, ich wünsche mir eine andere Mutter – eine, die mir zuhört.'"

Könnte es sein, dass sich Ihr temperamentvolles Kind auch manchmal fühlt wie Carolin? Wie war das während der letzten zwei, drei Tage? Haben Sie Ihr Kind auch hier und da „ausgeblendet", während es Ihnen etwas sagen wollte? Vielleicht haben Sie zwar zugehört, aber doch nicht richtig hingehört, was Ihr Kind Ihnen zu sagen versuchte. Temperamentvolle Kinder reden oft mehr als andere; und ohne Zweifel sind sie beharrlicher und rechthaberischer! Manchmal fällt es uns schwer, bei ihren vielen überzogenen Aussagen und Meinungen nicht abzuschalten. Doch gerade temperamentvolle Kinder brauchen dringend Eltern, die ihnen zuhören und mit ihnen reden.

Gerade temperamentvolle Kinder brauchen dringend Eltern, die ihnen zuhören und mit ihnen reden.

Wie wir im vorangegangenen Kapitel festgestellt haben, beruht ein Großteil des kindlichen Selbstbildes auf der Sicht, die die Eltern von ihrem Kind haben. Kinder, die von ihren Eltern geliebt und geachtet werden, werden sich mit großer Wahrscheinlichkeit selbst ebenfalls achten und an ihren Wert als Menschen glauben. Eines der wichtigsten Signale, die wir als Eltern senden können, um unsere Liebe und Achtung auszudrücken, besteht darin, dass wir unsere Kinder als Gesprächspartner ernst

*Kommunikation
ist der Lebens-
faden, an dem
eine dauerhafte
gute Beziehung
zu unseren an-
strengenden
Kindern hängt.*

nehmen. Zuhören und reden, sich bemühen, sie zu versteht – wenn wir das tun, versteht unser Kind: Ich bin wichtig. Ich bin ernst genommen.

Kommunikation ist der Lebensfaden, an dem die Beziehung zu unseren anstrengenden Kindern hängt. Wie können wir also so reden, dass unsere Kinder zuhören, und so zuhören, dass sie reden?

Die Gegenwart gestalten

Es braucht Zeit und Übung, bis aus oberflächlichen Alltagsunterhaltungen ein echtes Gespräch von Mensch zu Mensch wird. Die Fähigkeit zuzuhören ist uns nicht unbedingt angeboren, wir müssen sie mit der Zeit erwerben. Gehen Sie niemals davon aus, Sie wüssten bereits, was Ihr Kind sagt oder meint. Wenn die sechs Jahre alte Melanie schreit: „Ich hasse Tim!“, dann sollte ihre Mutter sich ein paar Minuten Zeit nehmen, um Melanie zu helfen, diese Gefühle zu verarbeiten. Sie könnte zum Beispiel sagen: „Du klingst ziemlich wütend.“ Sie müssen nicht gleich kritisieren oder eine Problemlösung parat haben. Oft braucht Ihr temperamentvolles Kind nur einfach ein offenes Ohr. Diese Kinder brauchen jemanden, der ihre Gefühle versteht, ohne deswegen gleich mit ihnen übereinzustimmen. Wichtig ist, dass Ihr Kind spürt, dass es all diese Gefühle empfinden darf. Wir werden später noch darüber reden, wie man mit extrem negativen Gefühlen umgehen kann.

Erinnern Sie sich daran: Temperamentvolle Kinder sind meist sensibler als ruhigere Kinder. Temperamentvolle Kinder fühlen sich schneller verletzt. Und sie empfinden Gefühle sehr intensiv. Wenn die Tränen hochsteigen, dann ist das bei ihnen keine bloße Show. Wenn Ihr Kind also ärgerlich ist, sollten Sie versuchen, seine Gefühle ohne Wertung zu reflektieren. Auf diese Weise bleiben die Türen zum Gespräch offen und das kann verhindern, dass eine Auseinandersetzung eskaliert, nur weil jemand sich ungeschickt ausgedrückt hat. Ein Beispiel: Der elfjährige Jan beklagt sich bei seinem Vater:

„Diese Biologiearbeit war total unfair. Frau Leonard hat uns Fragen gestellt, die wir im Unterricht überhaupt nicht behandelt haben. Das ist einfach gemein!"

Statt dass sein Vater nun antwortet: „Da wirst du wohl nicht genug gelernt haben" oder: „Hast du auch die richtigen Hausaufgaben gemacht?", könnte er auch eine Antwort geben, die die Gefühle seines Sohnes reflektiert; zum Beispiel: „Du bist jetzt sicher ziemlich frustriert!" So bleibt die Möglichkeit zum weiteren Gespräch und der Vater kann Jan helfen, seine intensiven Gefühle zu verarbeiten. Egal, worum es geht – es ist schwer für ein Kind, mit jemandem zu streiten, der Verständnis zeigt.

Es ist schwer für ein Kind, mit jemandem zu streiten, der Verständnis zeigt.

Jeder Mensch, ob mit viel oder wenig Temperament, braucht das Gefühl, verstanden zu werden. Wie geht es Ihnen selbst? Ist es nicht schön, wenn jemand Ihre Gefühle versteht und Sie ernst nimmt? Wir kommen mit Belastungen wesentlich besser klar, wenn wir wissen, dass es jemanden gibt, der uns versteht. Für Ihr temperamentvolles Kind könnten Sie dieser „Jemand" sein, wenn Sie bereit sind, ihm zuzuhören und sich mit den Gefühlen Ihres Kindes zu identifizieren – und zwar ohne zu belehren, zu kritisieren oder Ratschläge zu erteilen. Manchmal geht es nur darum, zuzuhören – und sich die guten Ratschläge an den Hut zu stecken.

Bei John Gottmann finden sich einige sehr gute Hinweise dazu, wie Eltern die Gefühle ihrer Kinder verstehen und aufnehmen können.[1] Eltern sollten sich als ‚Emotionstrainer' für ihre Kinder verstehen, die es ihren Kindern ermöglichen, sich zu öffnen und ihre tatsächlichen Gefühle zu zeigen. Zwar werden Sie die Gefühle Ihres Kindes nicht unbedingt in jedem Fall verstehen. Aber es kommt darauf an, dass Sie aufmerksam dafür werden: die Antenne muss ausgespannt sein. Für Kinder, die zu emotionalen Wechselbädern neigen, wie die meisten unserer temperamentvollen Kinder, ist es besonders wichtig zu signalisieren, dass Sie die kleinen Verän-

Belastungen lassen sich besser aushalten, wenn wir wissen, dass es jemanden gibt, der uns versteht.

derungen im Gefühlsleben Ihres Kindes wahrnehmen und verstehen. Später kann man darüber reden und die Situation rational betrachten. Empathie – die Fähigkeit, die emotionale Befindlichkeit Ihres Kindes zu erfassen und verständnisvoll darauf einzugehen – ist eine wichtige Kunst für Mütter oder Väter. Ein empathischer Zuhörer ermöglicht es dem Gesprächspartner, die eigenen Gefühle als gültig zu erleben.

> **Sie werden nicht alle Gefühle Ihres Kindes verstehen. Aber es kommt darauf an, dass Sie aufmerksam dafür werden.**

Als „Emotionstrainer" für Ihr Kind sollten Sie ihm auch helfen, den eigenen Empfindungen Ausdruck zu verleihen. Das kann geschehen, indem Sie in Worte fassen, was Sie von der Gefühlslage Ihres Kindes verstanden haben. Es ist zugleich eine gute Übung darin, tatsächlich wahrzunehmen, was in unserem Kind vorgeht, anstatt sein Gefühlsleben als unwichtig beiseite zu schieben.

Die fünfjährige Ruth-Marie will nicht mitkommen, als ihre Mutter sie vom Spielen bei ihrer Freundin Sandra abholt. „Nein, ich will nicht nach Hause! Ich will hier bleiben. Ich komme nicht mit dir mit!" Die Worte sind begleitet von heftigem Widerstand, als ihre Mutter versucht, Ruth-Marie zum Auto zu bringen. Wie kann Ruth-Maries Mutter reagieren?
„Ruth-Marie, ich verstehe, dass du nicht nach Hause möchtest. Es war schön bei Sandra und ihr habt gerade so schön zusammen gespielt. Aber jetzt müssen wir nach Hause."
Und wenn Ruth-Marie sich immer noch nicht beruhigen lässt? Ihre Mutter sollte weiter dabei bleiben, die Gefühle ihrer Tochter ernst zu nehmen. „Ruth, ich weiß, dass du traurig und enttäuscht bist, dass du nicht länger mit Sandra spielen kannst. Du bist wütend, weil du jetzt nach Hause musst. Aber es ist jetzt Zeit, nach Hause zu gehen, und du musst mitkommen." Selbst jetzt kann es nötig sein, Ruth mit Gewalt ins Auto zu setzen. Und vielleicht beruhigt sie sich auch auf dem ganzen Heimweg noch nicht. Die Chancen sind allerdings groß, dass sie sich beruhigt, wenn es ihrer Mutter gelingt, ruhig zu bleiben.

Natürlich müssen Sie als Mutter oder Vater die Grenzen festlegen, innerhalb derer ein angemessener Ausdruck von Gefühlen akzeptabel ist. Es geht nicht darum, jede extreme Gefühlsäußerung um ihrer selbst willen zu erlauben. Es gibt angemessene und unangemessen Weisen, Gefühle zum Ausdruck zu bringen.

Eine Mutter in einer Elterngruppe bastelte für ihre 4jährige Tochter eine Art Stimmungsbarometer. Bestimmte Farben bedeuteten bestimmte Gefühle. Auf die Farbskala klebte sie Bilder, die unterschiedliche Gefühle darstellten. Grau stand für „müde", blau für „enttäuscht", rot für „wütend", schwarz für „traurig", gelb für „glücklich", grün für „zufrieden". Mit Hilfe dieser Skala konnte ihre Tochter mitteilen, wie sie sich fühlte, auch wenn sie das noch nicht mit Worten tun konnte.

Lernen, wie man Gefühle ausdrückt

Der Schlüssel zur Kommunikation mit einem temperamentvollen Kind liegt darin, niemals zu vergessen, dass Gefühle wichtig sind und zum Ausdruck gebracht werden müssen. Wenn Sie Ihrem Kind die Möglichkeit geben, seine Gefühle herauszulassen, ist das, als würden Sie aus einem Ballon etwas Luft herauslassen, bevor er platzt. Gefühle an sich sind weder gut noch schlecht. Wenn Ihr Kind traurig ist, dann ist es eben traurig. Wenn Sie nun sagen: „Du hast keinen Grund traurig sein, denk doch nur mal dran, wofür du dankbar sein könntest", würden Sie nur den Gesprächsfaden kappen. Lassen Sie Ihr Kind sagen oder zeigen, wie es sich fühlt – für Sie als Eltern sind das wertvolle Informationen, die Ihnen verraten, wie es im Innern Ihres Kindes aussieht.

> *Gefühle sind weder gut noch schlecht. Sie sind wichtig und müssen zum Ausdruck gebracht werden.*

Teilen Sie Ihre Gefühle mit!

Sie müssen nicht nur die Gefühle Ihres temperamentvollen Kindes wahrnehmen, Sie müssen auch Ihre eigenen Gefühle so ausdrücken können, dass Ihr Kind Sie versteht. Eine einfache Übung, die wir auch in unseren Ehe- und Erziehungsseminaren machen, hat uns bei unseren Gesprächen mit unseren hitzigen Söhnen geholfen. Sie lässt sich in jeder Situation anwenden und ermöglicht es, Ihre Gefühle so mitzuteilen, dass der andere Sie auch wirklich versteht.

> *Gesprächsgerüst für Gefühlsmitteilungen:*
> *„Ich möchte dir sagen, wie ich mich fühle ..."*
> *„Wie geht es dir damit?"*

Beschreiben Sie, welche Gefühle Sie in einer bestimmten Situation empfinden, indem Sie einen Satz formulieren, der mit „Ich empfinde/ fühle ..." beginnt. Zum Beispiel könnten Sie sagen: „Ich fühle mich frustriert, wenn Essensreste und Geschirr auf dem Esstisch stehen gelassen werden. Dadurch habe ich noch mehr zu tun; und es wäre doch eine Kleinigkeit, die Sachen in die Küche zu räumen."

Wenn Sie Gefühle kommunizieren, sollten Sie den Satz mit „Ich" beginnen und darin Ihre Situation beschreiben. *Sie* fühlen sich frustriert. Wenn Sie mitgeteilt haben, was Sie empfinden, könnten Sie fragen: „Und wie geht es dir damit?" Bei einem unserer Söhne kam auf das oben beschriebene Szenario häufig die Antwort: „Mir machen Essensreste und dreckiges Geschirr auf dem Esstisch gar nichts aus!" Nicht gerade die Antwort, die ich mir als Mutter erhofft hatte, aber wir konnten beide darüber lachen und er hatte verstanden. – Ich wollte keine Essensreste und Geschirrberge im Esszimmer haben. Wir hatten über das Chaos auf dem Esstisch gesprochen, ohne einander anzugreifen.

Wenn Sie Ihre Gefühle ausdrücken und Ihr Kind dann fragen, wie es die Situation empfindet, geben Sie ihm damit Gelegenheit, seine Gefühle auszudrücken, ohne angegriffen zu werden. Wir können

das Problem ansprechen, ohne unser Kind in die Defensive zu drängen. Manchmal hat unser Sohn sogar geantwortet: „Mama, das tut mir Leid. Ich werde versuchen, daran zu denken!" Oder: „Das war ich nicht. Das waren meine Brüder!"
Die Fähigkeit zuzuhören ist für Eltern, die gute Beziehungen zu ihren Kindern suchen, sehr wertvoll. Wenn Sie Ihren Kindern ein Vorbild geben, wie man zuhört und sich mit den Gefühlen anderer identifiziert, werden Ihre Kinder ebenfalls lernen ihre Gefühle mitzuteilen. So bewahren Sie sich eine offene Beziehung zu Ihrem Kind, ohne die keine Kommunikation gelingen kann.

Motivieren Sie Ihr Kind zu reden

Wenn Sie wollen, dass Ihr Kind zu reden anfängt, müssen Sie anfangen zuzuhören. Wenn Sie interessiert zuhören, vermitteln Sie Ihrem Kind, dass seine Gedanken wertvoll sind und es in seiner Person respektiert wird. So bekommt Ihr Kind Selbstvertrauen und ein gesundes Selbstwertgefühl. Ihr Kind wird sich sagen: „Wenn ich meinen Eltern so viel wert bin, dass sie mir zuhören, muss ich wirklich wertvoll und wichtig sein." Wenn Ihr Kind sich seiner selbst sicher ist, wird es auch eine größere Bereitschaft haben, Mama und Papa etwas zu erzählen. Wir haben noch einige weitere Schlüssel für Sie zusammengestellt, mit denen Sie Ihr Kind zum Reden motivieren können:

Wenn Sie wollen, dass Ihr Kind zu reden anfängt, müssen Sie anfangen zuzuhören.

1. *Schenken Sie Ihrem Kind Ihre ganze Aufmerksamkeit, wenn es Ihnen etwas sagen möchte.* Unterbrechen Sie Ihre Arbeit, sobald dies möglich ist, und widmen Sie sich ungeteilt Ihrem Kind. Legen Sie die Zeitung zur Seite, oder drehen Sie das Wasser ab, um sich ganz auf das Kind zu konzentrieren. Vergessen Sie nicht, wie wichtig Augenkontakt ist. Achten Sie auch auf solche Dinge wie Tonfall und Gesichtsausdruck. Zeigen Sie auch mit Ihren non-

verbalen Signalen, dass Sie dem Kind zur Verfügung stehen. Bemühen Sie sich, Ihr Kind zu verstehen, und seien Sie nicht nur Zuhörer, sondern Gesprächspartner: „Habe ich dich so richtig verstanden: Du sagst, ...?" Wenn Sie Ihr Kind missverstanden haben, kann es Sie korrigieren. Und Sie sind sicher, dass Sie Ihr Kind verstanden haben.

2. *Ermutigen Sie Ihr Kind zum Reden.* Ein Lächeln, ein Nicken, eine kurze Antwort signalisieren unser Interesse. Halten Sie Ihre Fragen kurz, offen und freundlich, und vermeiden Sie „Warum-Fragen". Wenn Ihr Kind oft nur mit einem Brummen oder mit Worten wie „Nö", „Mhmm" oder „Weiß nicht" antwortet, sollten Sie es mal mit „Kommunikationstennis" versuchen (s. dazu S. 85).

3. *Versetzen Sie sich in Ihr Kind hinein.* Versuchen Sie, die Situation mit den Augen Ihres Kindes zu sehen. Dazu braucht es Geduld und Vorstellungskraft. Aber Sie werden das Handeln und die Reaktionen Ihres Kindes wesentlich besser verstehen, wenn Sie versuchen, sich mit seinen Gefühlen zu identifizieren. Versetzen Sie sich in Ihre eigene Kindheit zurück. Die Chancen stehen nicht schlecht, dass Sie selbst ein temperamentvolles Kind waren. Versuchen Sie sich an Ihre heftigsten Gefühle zu erinnern und fragen Sie sich, wie Sie damals damit umgegangen sind. Sprechen Sie aus, was Ihr Kind empfindet. Sie könnten zum Beispiel sagen: „Du musst ja mächtig stolz sein, dass du das Puzzle geschafft hast." Oder: „Jetzt bist du sicher enttäuscht, weil dein Freund heute nicht zum Spielen kommen kann." Oder: „Du bist sicher froh, dass die Hausaufgaben erledigt sind und du dich an den Computer setzen kannst."

Autofahrten bieten wundervolle Gelegenheiten zum Gespräch.

4. *Zeigen Sie, dass Sie Ihr Kind respektieren.* Behandeln Sie Ihr Kind mit der gleichen Achtung wie eine erwachsene Freundin oder Freund. Hören Sie ebenso oft zu, wie Sie selbst etwas sagen. Akzeptieren Sie die Tatsache, dass Kinder sich häufig beklagen; insbesondere tem-

peramentvolle Kinder mit einer autonomiebetonten, sensiblen Persönlichkeit. Geben Sie ihnen Gelegenheit, sich ihren Kummer von der Seele zu reden. Unterbrechen Sie sie nicht. Manchmal braucht Ihr temperamentvolles Kind nichts mehr als jemanden, der zuhört und seine Gefühle versteht.

5. *Bleiben Sie flexibel.* Wir brauchen Flexibilität und Kreativität für das Gespräch mit unseren willensstarken Kindern – ganz besonders in der Zeit der Pubertät. Achten Sie auf Möglichkeiten zum Gespräch – z.B. wenn Sie Ihr Kind zum Zahnarzt fahren oder vom Fußballtraining abholen. Die Fahrtzeit bietet eine gute Gelegenheit, miteinander zu reden.

6. *Wechseln Sie die Perspektive.* Wenn Sie sich schwer tun, mit Ihrem temperamentvollen Kind zu reden, dann gehen Sie doch einmal auf Distanz und stellen sich vor, es wäre gar nicht Ihr Kind. Ja, nur für einen Augenblick! Stellen Sie sich vor, es wäre das Kind Ihrer besten Freundin. Auf diese Weise können Sie Ihr Kind in einem anderen Licht sehen. Für die Kinder anderer bringen wir in der Regel mehr Verständnis auf. Bedenken Sie, dass das Selbstbild Ihres Kindes zu einem guten Teil davon abhängt, wie Sie Ihr Kind seiner Meinung nach sehen. Kinder, die von ihren Eltern geliebt und respektiert werden und denen man zuhört, erkennen im Allgemeinen auch selbst ihren Wert als Person an.

7. *Nicht jede Situation eignet sich für ein Gespräch.* Es wird immer wieder Situationen geben, in denen Ihr Kind einfach auf stur schaltet, egal, welche kunstreichen Tricks Sie anwenden, um es aus der Reserve zu locken. Ebenso wichtig, wie die Zeit zum Reden zu erkennen, ist es zu erkennen, wann Ihr Kind einfach Zeit und Raum braucht, um sich zurückzuziehen.

Ebenso wichtig, wie die Zeit zum Reden zu erkennen, ist es zu erkennen, wann Ihr Kind einfach Zeit und Raum braucht, um sich zurückzuziehen.

Lassen Sie den Gesprächsfaden nicht abreißen

In der Beziehung zu anstrengenden Kindern gerät man nur allzu leicht in Konfliktsituationen. Wie man wenigstens einige Klippen der Kommunikation vermeidet, zeigen die folgenden Hinweise. Sie könnten sie in Ihrer Familie als Gesprächsregeln einführen und an einem gut sichtbaren Platz aushängen, damit sie nicht vergessen werden. Solche Regeln könnten lauten:

1. *„Du"-Aussagen vermeiden.* Oft beginnen unsere Attacken gegen andere mit den Worten: „Du hast ...", „Du bist ..." („Du räumst nie dein Zeug weg!" „Du bist so was von rücksichtslos!") „Ich"-Aussagen sind wesentlich ungefährlicher. Sie drücken aus, wie es mir geht, ohne den anderen anzugreifen.

2. *Regeln für Gefühlsmitteilungen beachten.* Setzen Sie die Vorschläge aus dem Abschnitt „Lernen, Gefühle mittzuteilen" um (vgl. S. 75, 86, 88)

3. *„Warum"-Fragen vermeiden.* „Warum"-Fragen greifen häufig den anderen an. Versuchen Sie, Ihre Bedenken anders auszudrücken.

4. *Absolute Aussagen vermeiden.* Aussagen vom Typ „Du ... niemals" oder „Du ... immer" schaffen in jedem Fall Konfliktstoff. Sie sollten Sie unbedingt vermeiden!

5. *Bereit sein, sich zu entschuldigen.* Es wird Situationen geben, in denen Ihr temperamentvolles Kind Sie regelrecht auf die Palme bringt. Dann werden Sie Dinge sagen, die Ihnen nachher Leid tun. Wenn das passiert, sollten Sie die Bereitschaft haben, sich zu entschuldigen.

Spontane Reaktionen sind nicht immer die besten!

Als Vater oder Mutter eines anstrengenden Kindes gerät man leicht ungewollt in die Rolle des Oberkommandanten: Irgendwann brüllt man nur noch Befehle, die aber meist wirkungslos bleiben. Wie kann man diese Falle vermeiden?

Situation: Ihr Kind kommt morgens nicht aus dem Bett.
Spontane Reaktion: „Steh endlich auf, du Schlafmütze! Es ist bestimmt das letzte Mal, dass ich dich wecke!"
Überlegte Reaktion: „Guten Morgen. Es ist 7.30 Uhr. Was solltest du jetzt tun?"

Situation: Ihr Kind weigert sich, im Haushalt mitzuhelfen.
Spontane Reaktion: „Wann wirst du endlich lernen, dass du auch Verantwortung übernehmen musst!"
Überlegte Reaktion: „Wir können nicht essen, bevor der Tisch nicht gedeckt ist."

Situation: Geschwisterstreit
Spontane Reaktion: „Wie oft soll ich euch noch sagen, dass ihr nicht streiten sollt?! Schluss jetzt sofort!"
Überlegte Reaktion: „Braucht ihr Hilfe oder könnt ihr euer Problem allein lösen?"

Wenn reden nicht weiterführt

Nicht immer führt ein Gespräch zu einer Lösung und nicht immer ist es der beste Weg dahin. Wenn Sie versuchen, mit einem Kind zu argumentieren, dass sich schon in einen Machtkampf hineingesteigert hat oder um jeden Preis seinen eigenen Kopf durchsetzen will, führt das nur zu unfruchtbaren und endlosen Debatten. In solchen Fällen ist es besser, eine „Auszeit" zu nehmen, bis Ihr Kind sich beruhigt hat, und dann nach einer konstruktiven Lösung zu suchen.

Sie sind nicht perfekt! Gestehen Sie sich das ein.

Wir waren keine perfekten Eltern – Sie brauchen nur unsere Söhne fragen. Wir nehmen an, dass Sie es auch nicht sind. Das ist in Ordnung – solange wir es uns zugestehen. Wir haben uns zwar als Eltern sehr darum bemüht, ein positives Gesprächsklima zu schaffen, aber das rettete uns nicht vor einigen schlimmen Fehlern und Überreaktionen – ganz besonders oft gegenüber unserem hitzigsten Hitzkopf. Er reagierte darauf immer wie eine Spinne. Haben Sie einmal beobachtet, wie Spinnen reagieren, wenn man sie „stichelt"? Entweder rennen sie schnell davon oder sie ziehen die Beine an und kugeln sich zusammen, um sich so zu schützen. Ganz ähnlich reagiert ein Kind, wenn man es „stichelt" und an einer empfindlichen Stelle trifft. Kleinere Kinder zeigen ihren Rückzug vielleicht noch durch Schmollen, Teenager ziehen sich emotional zurück.

Selbst wenn wir aus Versehen eine empfindliche Stelle getroffen haben, zieht sich unser Kind möglicherweise in sich zurück wie eine Spinne, und wir merken nicht einmal, dass wir es verletzt haben. Als Eltern temperamentvoller Kinder müssen Sie Ihrem Kind helfen, seine verletzten Gefühle zu äußern – Sie müssen die Initiative ergreifen! Es hat keinen Sinn, darum herumzureden: Wir haben als Eltern nicht immer Recht und machen nicht immer alles bestens.

Der Psychologe Donald Sloat schreibt: „Natürlich ist es beunruhigend, ja sogar peinlich, zuzugeben, dass wir nicht auf alles eine Antwort haben und dass unser Verhalten nicht immer unseren erklärten Überzeugungen entspricht. Aber alle können davon profitieren, wenn wir mit unseren Fehlern richtig umgehen. Unsere Kinder kennen die Wahrheit über uns ohnehin schon, und wir gewinnen umso mehr ihren Respekt, wenn wir zugeben, dass wir Unrecht hatten und nicht alles wissen. Wenn Sie Ihre Schwächen eingestehen, helfen Sie Ihren Kindern zu begreifen, dass das Leben nicht immer perfekt und frei von inneren Kämpfen ist. Das gibt ihnen die Freiheit, ihre eigenen inneren Kämpfe und Gefühle anzunehmen."[2]

Eine Verhaltensregel, die für uns gut funktioniert hat, ist, uns sofort zu entschuldigen, wenn wir merkten, dass wir etwas falsch gemacht haben. Das ist dann besonders schwierig, wenn Ihr Kind mit Respektlosigkeit reagiert. Aber gerade dann, wenn die Dinge so außer Kontrolle geraten sind, dass wir die gegenseitige Achtung verletzt haben, ist es unsere Aufgabe als Eltern, mit gutem Beispiel voranzugehen und unseren Kindern vorzuleben, welches Verhalten wir von ihnen erwarten.

Wenn es momentan eine Situation gibt, die zu Spannungen mit Ihrem temperamentvollen Kind führt, dann handeln Sie jetzt. Tun Sie den ersten Schritt dahin, sich zu entschuldigen oder zu vergeben. „Eine freundliche Antwort vertreibt den Zorn, aber ein kränkendes Wort lässt ihn aufflammen" – diese biblische Weisheit (Sprüche 15,1) hat sich in Beziehungsfragen unendlich oft bewährt. Wenn wir uns darin üben „freundlich zu antworten", machen wir unserem Kind Mut, seine Gefühle zu offenbaren – und in jedem Fall wird es unsere Beziehung zu unserem Kind verbessern.

Wenn Sie Ihre Schwächen eingestehen, helfen Sie Ihren Kindern zu begreifen, dass das Leben nicht immer perfekt und reibungslos verläuft. Das gibt ihnen die Freiheit, ihre eigenen inneren Kämpfe und Gefühle anzunehmen.

Rückkehr zum Vulkan

Was heißt das alles zum Beispiel für die Mutter des oben erwähnten menschlichen Vulkans, der nichts Tragbares im Kleiderschrank fand?

Zunächst einmal: Sie müssen als Mutter nicht auf jede Bemerkung Ihres Kindes antworten. Jedenfalls ist es besser zu schweigen, als Kommentare abzugeben wie: „Jetzt stell dich nicht so an, du musst ja nicht aussehen wie ein Model auf dem Laufsteg."

Signalisieren Sie Ihrer Tochter, dass Sie verstanden haben, was sie beschäftigt. Z.B. „Ich kann verstehen, dass du dich gerade morgen besonders wohlfühlen möchtest in deinen Sachen. Ich hätte auch liebend gern ein entsprechendes Outfit für dich – aber das ist nun einmal nicht der Fall. Du musst versuchen, das Beste aus dem zu machen, was der Kleiderschrank hergibt." Vielleicht fügen Sie noch hinzu: „Ich weiß, dass das für dich eine wichtige Sache ist. Aber ich bin sicher, dass du eine Lösung findest."

Was versteht Ihre Tochter, wenn Sie so reagieren? „Meine Mutter versteht mich. Und sie traut mir zu, dass ich die Sache regeln kann."

Ihre Kinder brauchen Sie als „Spiegel" für ihr Selbstwertgefühl. Werfen Sie ihnen ein positives Bild zurück ...

Vielleicht häufiger, als wir glauben, brauchen unsere Kinder uns als Spiegel für ihr Selbstvertrauen. Wir können ihnen ein positives Bild zurückspiegeln, wenn wir ihre Botschaft: „Hör mir zu! Rede mit mir!" beantworten. Zum Glück müssen wir ja nicht alle ihre Probleme lösen ...

Gute Gewohnheiten für die Zukunft entwickeln

Halten Sie Ausschau nach Zeiten und Gelegenheiten, in denen Sie den Gesprächsfaden zu Ihrem Kind fester knüpfen können. Hier einige Vorschläge:

Autofahrten: Oftmals eine wunderbare Gelegenheit zum Gespräch. Man kann den Blickkontakt vermeiden. So können manchmal selbst sehr brisante Themen besprochen werden, ohne dass es zu emotional wird.

Küche als Kommunikationszentrum: Gar nicht so selten habe ich (Claudia) eine Schale mit frischen Plätzchen oder ein paar Kuchenstücke benutzt, um meine Söhne zu einem Gespräch am Küchentisch zu verführen.

Schlafenszeit: Oft haben gerade jüngere Kinder am Ende des Tages das Bedürfnis, etwas, das ihnen auf dem Herzen liegt, mitzuteilen. Ein klar strukturiertes abendliches Ritual gibt ihnen den Raum dafür. Als Eltern sollten Sie dafür sorgen, dass es dabei keinen Zeitdruck gibt.

Nur-wir-beide-Zeiten: Selbst in den schwierigsten Jahren waren unsere Söhne in der Regel dazu zu bewegen, mit einem von uns einen Abstecher zu MacDonalds oder in die nächste Eisdiele zu machen. Mit ein wenig Erfindungsgeist und Aufmerksamkeit werden Sie auch Gelegenheiten entdecken, Zeit mit Ihrem Kind zu zweit zu verbringen.

Gemeinsame Mahlzeiten: Essenszeiten bieten eine gute Möglichkeit, einander im Familienkreis Anteil an Erlebnissen und momentanen Gefühlen zu geben. Wir stellen immer wieder fest, wie sehr gerade Schulkinder dieses Ventil nach einem herausfordernden Schultag brauchen. Allerdings ist es ratsam, einige Regeln für das Gespräch am Essenstisch einzuführen wie z.b.: „Jeder darf ausreden" und „Keine Debatten über disziplinarische Maßnahmen" etc. Wenn Sie den Austausch gezielt fördern möchten, können Sie anregen, dass z.b. beim Abendessen reihum jeder von einem besonders schönen und einem eher negativ erlebten Moment des Tages berichtet.

Kommunikationstennis
Nehmen Sie einen Tennisball in die Hand und machen Sie eine Aussage, die eine Antwort verlangt. Dann werfen Sie den Ball Ihrem Kind zu. Es antwortet auf Ihre Frage und macht dann seinerseits eine Aussage oder stellt eine Frage, wobei es den Ball an Sie zurückgibt. Machen Sie ein Spiel daraus, den Ball so lange wie möglich hin und her zu spielen. Auf diese Weise bringen Sie Ihrem Kind bei, ein Gespräch in Gang zu bringen und die Kommunikation am Laufen zu halten. Sollte Ihr Kind Spiele wie das „Kommunikationstennis" für kindisch halten und nicht mitmachen, können Sie es auch mit offenen Fragestellungen versuchen, wie: „Was gefällt dir am besten an ...?" oder: „Wenn du drei Wünsche frei hättest, was würdest du dir wünschen?"

Kommunikation per Briefpapier
Über lange Zeit habe ich (Claudia) meinen Söhnen jeden Tag eine kleine Nachricht in ihre Frühstücksdosen gesteckt – eine einfache Möglichkeit zu zeigen, dass ich an sie denke und hinter ihnen stehe. Einige Beispiele:

„Ich bin so froh, dass du so viel Humor hast. Wie gut, dass du uns immer wieder zum Lachen bringst."

„Ich habe mich wirklich gefreut, dass du gestern den Rasen gemäht hast."

85

„Guten Morgen, mein Schatz. Ich wünsche dir einen wunderbaren Schultag ..."

„Hoffe, das Diktat ist gut überstanden. Du hast es bestimmt gut gemacht."

Achtung: Auch bei diesen Botschaften ist Natürlichkeit Trumpf. In das Reisegepäck für die Klassenfahrt oder die Übernachtung bei Freunden gesteckt, vermitteln kleine Briefchen dem Kind ebenfalls das gute Gefühl, dass die Eltern in Gedanken bei ihm sind.

Auch als Konfliktlöser eignen sich manchmal schriftliche Botschaften eher als lange Diskussionen. Hier einige Beispiele:

„Bitte nach Gebrauch wieder aufhängen. Gruß und Dank, dein Handtuch"

„Ich brauche dringend einen Spaziergang. Wow, dein Hund."

„Zauberkekse: bewirken in jedem, der sie verzehrt, den Drang, sofort sein Zimmer aufzuräumen."

Oder auch als letzte Rettung einer verzweifelten Mutter:

„Achtung! Hochspannung! Hier steht eine lebende Zeitbombe kurz vor der Explosion. In den nächsten 15 Minuten nicht ansprechen."

Die Mutter eines ihr gegenüber sehr verschlossenen Teenagers beobachtete, wie eifrig ein Freundschaftsbuch zwischen ihrer Tochter und deren Freundinnen hin und her wanderte, in das jeder seine „Gesprächsbeiträge" eintrug. Spontan fragte sie, ob ihre Tochter sich vorstellen könnte, auch mit ihr über ein Büchlein zu kommunizieren. Die Idee wurde zum vollen Erfolg.

Andere Eltern haben gute Erfahrungen damit gemacht, ihren pubertierenden Sprösslingen E-Mails zu schicken, um Kommunikationswege offen zu halten.

Botschaft Drei: Hör mir zu! Rede mit mir!

Rate, was ich fühle
Dieses Spiel kann man mit jüngeren Kindern spielen. Alle Mitspieler versuche der Reihe nach, ein bestimmtes Gefühl durch ihren Gesichtsausdruck mitzuteilen. Die anderen müssen es erraten.

Tolle Spielideen lassen sich in diesem Zusammenhang auch mit den sog. „Mimürfeln" verwirklichen (Würfel, auf denen sechs Gesichter mit unterschiedlichen Gefühlsregungen abgebildet sind). Den Würfeln, die man in guten Spielwarenläden bekommt, liegen ausführliche Spielanleitungen bei.

Rede mit mir, aber nerv mich nicht!
Was ist der Unterschied? Einer unserer Söhne beschrieb ihn so: „Reden" ist einfach offen miteinander reden, ohne irgendein verborgenes Ziel. „Nerven" ist jedes Gespräch, das letztlich, meist sehr indirekt, darauf abzielt, mein Kind zu irgendetwas zu bewegen. Beobachten Sie sich einmal für 24 Stunden: Wann reden Sie, wann nerven Sie? Das klare Reden zu lernen ist nicht einfach!

Was hast du erlebt?
Reden Sie mit Ihrem Kind spielerisch über unterschiedliche Erlebnisse:
- Das war lustig.
- Da habe ich mich blamiert.
- Das war ganz komisch.
- Da war ich stolz.
- Da habe ich mich gefreut.
- ...

Erzählen Sie Ihrem Kind auch Ihre eigenen Erlebnisse aus Ihrer Kindheit. Die meisten Kinder lieben „Geschichten von früher". Und belassen Sie es nicht bei den nur positiven Erlebnissen. Für Kinder ist es oft ein Aha-Erlebnis, dass ihre Eltern auch unsicher oder ängstlich waren oder ihnen etwas misslungen ist.

Adoptieren Sie ein neues Familienmitglied
Wenn Sie jüngere Kinder haben, kann ein neues Familienmitglied aus Stoff eine wirkliche Bereicherung für die Kommunikation sein.

Zurückhaltende, aber auch sehr eigenwillige Kinder finden es leichter, in eine Rolle zu schlüpfen und über eine Handpuppe zu kommunizieren als sich direkt auszudrücken. Als Einstieg in die Erforschung der Gefühlswelt des neuen Familienmitglieds eignen sich folgende Fragen:
• Wenn ich drei Wünsche frei hätte ...
• Das Schönste an unserer Familie ist ...
• Wenn ich groß bin ...
• Wenn ich etwas an dir ändern könnte ...
• Wenn ich eine Mama /ein Papa wäre ...
• An mir selbst gefällt mir am besten ...

Gesprächsregel der Woche

Legen Sie Wert auf Kommunikation in der Familie, z.B. indem Sie Regeln dafür entwickeln. Schreiben Sie diese Regeln auf Kärtchen und stecken die Kärtchen in ein Glas. Einmal in der Woche findet die „Ziehung der Goldenen Regel" statt. So wissen alle, worauf sie in dieser Woche besonders achten können. Im Lauf der Zeit wird sich das Gesprächsklima untereinander deutlich verbessern. Z.B.

Erste Woche: „Du-Aussagen vermeiden."
Warum das wichtig ist, wurde oben bereits erklärt. In der Woche, in der wir zum ersten Mal versuchten, diese Regel einzuhalten, gab es eine Menge unvollendeter Sätze ...! Aber es gab auch weniger negative Kommunikation.

Zweite Woche: „Achte auf Stimmungswechsel bei anderen."
Vielleicht nehmen Sie das „Stimmungsbarometer" zu Hilfe, besonders wenn Sie jüngere Kinder haben.

Dritte Woche: „Gefühle mitteilen und zuhören lernen."
Kennen Sie dieses Gefühl, wenn Sie ein heikles Thema ansprechen wollen und nicht wissen, wie Sie es anstellen sollen? Bevor wir noch das Problem benannt haben, sind wir schon mitten in einer heftigen Debatte. Diese Regel half uns, klar und deutlich mitzuteilen, welche Gefühle uns beherrschten und dann das Problem anzugreifen an-

statt einander. Problemgespräche, die mit Aussagen begannen wie:
„Ich bin enttäuscht ... ärgerlich ... traurig über ..." führten in der
Regel schneller zu einer Lösung als Angriffe auf irgendjemanden.

Vierte Woche: „Sag mal was Nettes!"
Jeden Tag versucht jeder jedem Familienmitglied mindestens einmal
etwas Nettes zu sagen.

Einige Grundsätze zum Zuhören

- Begegnen Sie Ihrem Kind mit derselben Aufmerksamkeit wie einem Erwachsenen.
- Hören Sie ebenso lange zu wie Sie reden.
- Warten Sie ab, bis Ihr Kind sich von der Seele geredet hat, was es beschäftigt. Unterbrechen Sie es nicht vorher.
- Wenn Ihr Kind einen Rat braucht, geben Sie ihn erst am Ende des Gesprächs. Manchmal braucht Ihr Kind nur einen Zuhörer, keinen Problemlöser.

5

Botschaft Vier: Zeig mir, wie man Kooperationsbereitschaft lernt!

→ „Mein Sohn hört mir nicht zu, wenn ich ihn etwas frage oder um etwas bitte. Ich könnte genauso gut gegen eine Wand reden."

→ „Es gibt Tage, da fürchte ich, die Kinder tun sich noch gegenseitig etwas an. Und ich habe mir immer eine große harmonische

*Familie erträumt! Bei uns zumindest scheint die Sympathie der Ge-
schwister füreinander im Genprogramm zu fehlen."*

➤ *„Mein Sohn tyrannisiert seine Schwester. Ich versuche alles,
um ihm ein wenig Rücksichtnahme und Feingefühl beizubringen,
aber ich habe den Eindruck, ich erreiche ihn gar nicht."*

*„Ich besiege dich am Computer!", rief Malte, acht, seinem sechs-
jährigen Bruder Timo zu.*
*„Stimmt gar nicht. Außerdem bin ich jetzt dran mit Computer-
spielen", rief Timo aufgebracht zurück.*
„Bist du nicht!"
„Bin ich wohl!"
*Diesmal gewann Timo das Computerspiel, aber Malte war nicht be-
reit, den Kampf aufzugeben. Wütend beschimpfte er seinen Bruder
und sein emotionales Thermometer explodierte förmlich, bis er
schließlich völlig die Beherrschung verlor und auf Timo einschlug.
Timo hielt einfach still und wehrte sich nicht, und das brachte Malte
erst recht in Rage. Er trat gegen die Möbel, schmetterte Türen zu
und brüllte: „Und ich bin doch dran mit Computerspielen."
Wie reagierte Maltes Muter? Sie schlug ihm vor, einen Wecker zu
stellen, bis Timos Computerzeit vorbei war, und versprach ihm, dass
er ebenso viel Zeit erhalten würde. Aber Maltes Gefühlsbarometer
stand bereits auf „Argumenten nicht mehr zugänglich". Seine
Mutter bat ihn, in sein Zimmer zu gehen und sich ein wenig zu
beruhigen. Sie werde ihn rufen, wenn Timos Computerzeit aus war.
Anstatt dieser Aufforderung zu folgen, stapfte Malte laut
schimpfend in die Waschküche und knallte die Tür hinter sich zu.
Seine Mutter konnte hören, wie er seine Wut an der Einrichtung
ausließ. Jetzt allmählich besorgt, folgte sie ihrem Sohn. Malte saß
auf dem Trockner und hatte seine Füße mit Nachdruck auf die offene Trocknertür gestellt. Die hing schon ganz schief in den Angeln.
Jetzt klang die Stimme von Maltes Mutter schon energischer. Etwas
lauter als nötig sagte sie ihm, dass er die Tür kaputt mache, worauf
die übliche Antwort ertönte, die er in solchen Fällen gab: „Na und?
Ist mir doch egal."*

„Jetzt war ich doch kurz davor, ebenfalls zu explodieren. Ich zog ihn vom Trockner. Ich weiß ja, dass er in solchen Situationen einfach eine Ablenkung braucht, um aus seinem Gefühlschaos herauszufinden. Also beschäftigte ich mich damit, was an der Tür kaputt war, und zeigte ihm, wie der Schaden vielleicht behoben werden konnte. In dieser Zeit beruhigte er sich wenigstens so weit, dass er – zwar immer noch heftig, aber ohne Herumzuschimpfen – so lange im Haus herumstapfte, bis sein Bruder sein Computerspiel beendet hatte.

Natürlich entspricht das nicht meinem Ideal davon, wie Geschwister miteinander umgehen sollten. Aber ich betrachte es doch zumindest als kleinen Sieg, weil Malte sich wenigstens so weit beruhigt hat, dass er mich nicht anschrie: „Ich hasse dich!“ und auch nicht – was auch schon vorgekommen ist – tätlich wurde. ·Letzten Endes hat er sich an die Zeitregelung zum Computerspielen gehalten.“

Diese Geschichte ist typisch für das Verhalten von willensstarken, temperamentvollen Kindern. Sie brauchen einfach ein wenig mehr „Wartung“ als andere. Und besonders schwierig ist es, sie zu einem friedlichen Miteinander mit anderen Familienmitgliedern zu bewegen. Kooperation ist meist ein Fremdwort für diese Kinder. Sie können unsere besten Absichten ins Leere laufen lassen:

„Gelegentlich helfe ich in der Grundschulklasse meiner Tochter Mareike. Letzte Woche wollte ich etwas vorlesen, und hatte dazu ein Buch von Mareike mitgenommen. Ich hatte dabei auch den Hintergedanken, dass Mareike lernen könnte, ihre Spielsachen mit anderen zu teilen. Sobald ich das Buch aus der Tasche zog, schrie meine Tochter: „Das ist mein Buch, das darfst du nicht haben. Gib es mir zurück, sofort.“

„Mareike, ich habe es mitgebracht, damit alle die schöne Geschichte hören können. Du kannst es nachher zurückbekommen.“

Bevor ich noch richtig verstand, was vorging, war meine Tochter auf mich zugerannt und hatte mich so kräftig in den Arm gebissen, dass ich aufschrie.“

Kinder wie Malte und Mareike haben Schwierigkeiten damit, ihre eigenen Wünsche und Bedürfnisse mit den Interessen anderer in Einklang zu bringen. Temperamentvolle Kinder wie sie lieben Herausforderungen und hassen Bedingungen. Das Wort „Kooperation" kennen sie nicht. Hier sind die Eltern gefordert, es ihnen verständlich zu machen. Kinder haben ein natürliches Bestreben, die Dinge lieber selbst und auf ihre Art zu tun. Dies kann man an fast jedem Zweijährigen beobachten. Aber für temperamentvolle Kinder gilt es in besonderem Maß. „Entweder so wie ich will – oder gar nicht", scheint ihr Motto zu sein.

Besonders virulent wird der Kampf um Unabhängigkeit während der Phase der Sauberkeitserziehung. Egal, was Sie versuchen: Es ist von Anfang an klar, dass das Kind hier die Kontrolle behält. Diese Phase geht zwar vorbei. Aber sie kann als Modell dafür dienen, was Eltern willensstarker Kinder erwartet, wenn es darum geht, unseren Kindern Kooperationsbereitschaft und Kompromissfähigkeit zu vermitteln.

Die Herausforderung verstehen

Entwickeln Sie Strategien, wie Sie Ihr Kind darin unterstützen können, kooperativ, kompromissbereit und teamfähig zu werden.

Temperamentvolle und willensstarke Kinder sind in der Regel autonomiebetont. Fähigkeiten, die wichtig sind, um mit anderen gut auszukommen, bringen sie selten von sich aus mit: Kompromissbereitschaft und Verhandlungsgeschick. Sie leben häufig nach der Devise „Alles oder nichts": Entweder ich bin der „Bestimmer" oder ich mache nicht mit.

Wie kann man eine kooperative Haltung einüben? Zwei grundlegende Strategien wollen wir Ihnen vorstellen:

1. Entwickeln Sie Teamgeist.
2. Wählen Sie Ihre Auseinandersetzungen mit Bedacht.

Entwickeln Sie Teamgeist!

Orientieren Sie Ihr Selbstverständnis als Mutter oder Vater Ihres Kindes daran, dass Sie mit Ihrem Kind in einem Team sind. Sie sind das „Ermutigungsteam" für Ihr Kind. Zunächst müssen Sie sich darüber im Klaren sein, dass Ihr temperamentvolles Kind eben anders gestrickt ist als leichter lenkbare Kinder. Ihr Kind will Sie nicht zur Weißglut treiben – aber es sieht die Welt mit anderen Augen und muss wissen, dass Sie nicht sein Feind sind. Vielmehr muss Ihr Kind erkennen können, dass Sie an es glauben und zu 100 Prozent hinter ihm stehen. Ihre Beziehung zu Ihrem Kind ist der Faktor, an dem sich entscheidet, ob Ihr Kind auf Sie hören wird oder nicht.

Aber erwarten Sie keine Wunder. Ihr Kind hat auch ein ungeheures Bedürfnis, seine eigenen Wege zu gehen. Sie sollten Konfrontationen, wo es nur geht, vermeiden. Wählen Sie die Anlässe für grundsätzliche Auseinandersetzungen daher sorgfältig aus. Sie wollen, dass Ihr Kind sich zu einem selbstständigen und glücklichen Erwachsenen entwickelt, der auch mit Enttäuschungen und nicht erreichten Zielen leben kann. Um das zu erreichen, muss Ihr Kind wissen, dass Sie auf seiner Seite stehen, dass Sie es lieben und akzeptieren und an es glauben.

Ihr Kind will Sie nicht zur Weißglut treiben – aber es sieht die Welt mit anderen Augen und muss wissen, dass Sie nicht sein Feind sind.

Verschiedene Untersuchungen haben gezeigt, dass die sozialen Fähigkeiten von Kindern von einer Reihe von Faktoren beeinflusst werden. Mangelnde Integrationsfähigkeit kann z.B. in einem Zusammenhang stehen mit Gleichgültigkeit der Eltern gegenüber ihrem Kind, mangelndem Kontakt, Inkonsequenz in der Erziehung oder fragwürdiger Sanktionen als Erziehungsmittel.[1] Wir wissen aus eigener Erfahrung: Wenn Ihr Kind Sie gerade zur Weißglut treibt, ist es nicht einfach, ganz diesem Kind zugewandt zu bleiben und den ehrlichen Wunsch zu verspüren, mit diesem Kind ein Team zu bilden. Und dass es noch einmal so schwer ist, diesem Kind konsequent zu begegnen. Per Definition wird ein willensstarkes, autonomiebetontes Kind inkonsequente Maßnahmen von Seiten der Eltern geradezu heraufbeschwören – und sei es nur, weil es seine Eltern an den Rand der Erschöpfung bringt. Was können Sie als Eltern also tun?

1. Bemühen Sie sich unbedingt um Konsequenz. Formulieren Sie Regeln, und setzen Sie alles daran, dass diese auch eingehalten werden. Lernen Sie, Phasen großer emotionaler Anspannung Ihres Kindes, z.b. Enttäuschungen, vorauszusehen. Machen Sie sich klar, dass Bitten und Anforderungen, die für ein fügsameres Kind überhaupt kein Problem darstellen, bei Ihrem anstrengenden Kind wirken können, als ob Sie Benzin ins Feuer gießen. Willensstarke Kinder können sich so in eine bestimmte Vorstellung, einen Wunsch oder eine Idee davon, wie die Welt auszusehen hat, verrennen, dass es scheint, als hätten sie jede Fähigkeit verloren, über eine Alternative auch nur nachzudenken.

2. Bemühen Sie sich darum, die Anlässe herauszufinden, die typischerweise zu Konflikten, Wutausbrüchen und einem „Sich-Verrennen" in eine bestimmte Idee führen.[2]

Carolin, vier, ging nie gern mit zum Einkaufen. Während ihre Mutter an der Kasse stand, wollte Carolin unbedingt einen Lutscher. Ihre Mutter sagte Nein. Carolin griff den Arm ihrer Mutter und krallte ihre Nägel so fest hinein, dass es blutete. Ihre Mutter blieb bei ihrem Nein und verließ den Laden mit einer blutenden Hand und einer Tochter, die wie am Spieß brüllte.

Konflikte und Enttäuschungen vorherzusehen und zu vermeiden kann leichter sein, als sie zu bekämpfen.

Teamgeist zu entwickeln bedeutet ganz sicher nicht, jedem Wunsch ihres Kindes nachzugeben. Carolins Mutter hatte ganz Recht, dem Wunsch Ihrer Tochter nicht zu entsprechen. Allerdings wäre die ganze Szene vielleicht vermeidbar gewesen. Konflikte und Enttäuschungen vorherzusehen und zu vermeiden kann leichter sein, als sie zu bekämpfen. Carolins Mutter wusste, wie Carolin sich oft beim Einkaufen aufführte und dass diese Situation einen Wutausbruch geradezu vorprogrammierte.

Worin drückt sich also Teamgeist zwischen Eltern und Kind aus?
Wenn Eltern sich als „Ermutigungsteam" ihres Kindes verstehen, werden sie die folgenden Leitlinien berücksichtigen: [3]

- Teamgeist drückt sich darin aus, dass Eltern sich über die besonderen Schwierigkeiten ihres Kindes im Klaren sind und die auslösenden Faktoren für Wutausbrüche und Machtkämpfe kennen.
  Carolins Mutter erkannte, dass Carolins Verhalten zwar nicht akzeptabel, aber in gewisser Weise vorhersehbar war.
- Teamgeist drückt sich darin aus, dass Eltern im Voraus bestimmte Situationen erkennen, die das Kind emotional überfordern und zu Explosionen führen können.
  Carolins Mutter wusste, dass Einkaufen mit Carolin schwierig war. Sie hätte Carolins Wunsch vorhersehen können und entweder im Vorfeld klarstellen, dass es keine Süßigkeiten geben würde, oder aber ihrer Tochter vorher etwas Süßes geben können.
  Für viele Eltern hat es sich als hilfreich erwiesen, über einige Wochen ein Tagebuch der emotionalen Ausbrüche ihres Kindes zu führen. In einem solchen Überblick lassen sich wiederkehrende Muster leichter erkennen, und ähnliche Situationen kann man gezielter vermeiden.
- Teamgeist drückt sich darin aus, dass Eltern die Warnsignale erkennen und schnell gegensteuern.
  Was hat Carolins Mutter übersehen? War eine emotionale Explosion zu dieser Tageszeit vorhersehbar? War Carolin müde oder hungrig? Oder schon vorher schlecht gelaunt?
- Teamgeist drückt sich darin aus, dass Eltern wissen, wie sie die Inflexibilität und Explosivität ihres Kindes in andere Bahnen lenken können.
  Carolins Mutter wurde klar, dass Carolin schon vor dem Einkauf müde gewesen war; in dieser Situation war ein Ausbruch geradezu vorprogrammiert.
- Teamgeist drückt sich darin aus, wenn Eltern eine Gesamtperspektive für ihr Kind haben, die sowohl die Ziele im Blick habt, die sie für das Kind erreichen wollen, als auch die Fähigkeiten und Voraussetzungen ihres Kindes.

Carolins Mutter wusste, dass ihre Tochter müde war und Einkaufen hasste. Sie hätte den Einkauf zurückstellen können, bis Carolins Vater zu Hause war, oder sich nach einer anderen Betreuung für Carolin umsehen können. Oft genug ist es nicht die Schuld der Kinder, wenn es zu Gefühlsausbrüchen und Trotzreaktionen kommt. Es sind die falschen Erwartungen der Eltern und deren Fehleinschätzung dessen, was ihr Kind an Flexibilität aufbringen kann.

Bilden Sie als Eltern ein Ermutigungsteam für Ihr Kind:
1. Auslöser für Wutausbrüche kennen.
2. Emotionale Anspannung des Kindes vorhersehen.
3. Warnsignale erkennen und schnell gegensteuern.
4. Explosivität ‚umlenken‘.
5. Fähigkeiten und Voraussetzungen des Kindes berücksichtigen.

Wählen Sie Ihre Auseinandersetzungen sorgfältig!

Unsere zweite Empfehlung lautet: Nicht jeder Anlass lohnt eine Auseinandersetzung. – Wählen Sie mit Bedacht aus! Oft streiten wir uns über Dinge, die eigentlich nebensächlich sind, und verlieren dadurch die Kooperationsbereitschaft unseres Kindes. Denken Sie einmal kurz nach! Worüber streiten Sie mit Ihrem temperamentvollen Kind? Was davon ist wirklich wichtig? Und wie oft ereifern Sie sich über Nebensächlichkeiten? Welche Dinge stehen bei Streitereien im Vordergrund? Was würde Ihr Kind antworten, wenn es gefragt würde, was in Ihrer Familie wohl zu den wichtigsten Dingen gehört? Würden Dinge wie Kleidung, aufgeräumte Zimmer, Frisuren, Stil und Lautstärke der Musik und Ähnliches wohl ganz oben auf der Liste stehen?

Sie können nicht jeden Kampf gewinnen. Wählen Sie Ihre Auseinandersetzungen sorgfältig. Nicht jede Meinungsverschiedenheit lohnt einen Streit.

Grundsatzfragen oder Nebensächlichkeiten?

In unseren Eltern-Gruppen haben wir drei Fragen entwickelt, anhand derer Eltern feststellen können, welche Dinge in ihrer Familie Priorität haben und was als Nebensächlichkeiten gelten sollte. Wenn Sie vor der Entscheidung stehen, ob Sie eine ernsthafte Auseinandersetzung in Kauf nehmen wollen, dann sollten Sie sich Folgendes fragen:

- Geht es hier um eine ethisch-moralische Frage? Wenn ja, dann handelt es sich um eine Grundsatzfrage.
- Entscheidet sich an dieser Frage das Lebensglück meines Kindes?
- Welche Bedeutung besitzt die Sache aus der Perspektive der Ewigkeit?

Gerade wenn Ihr Kind älter wird und die Pubertät erreicht, sind diese Fragen von unschätzbarem Wert. Wenn wir die Nebensächlichkeiten zum Hauptthema machen – und das gilt besonders bei Teenies –, überlagern Dinge wie aufgeräumte Zimmer, Körperpflege oder die Lautstärke der Musik häufig ernstere Themen wie Drogen, Alkohol, die Gruppenzwänge unter Gleichaltrigen oder persönliche Überzeugungen und Glaubensfragen. Jemand hat es einmal so ausgedrückt: „Wenn Sie das Problem wegräumen, auswaschen oder herausschneiden können, sollten Sie sich keine unnötigen Gedanken darum machen!"

Oft verwenden Eltern ihre gesamte emotionale Energie auf die nebensächlichen Dinge. Wenn es dann um die wirklich wichtigen Lebensfragen geht, haben sie keine Kraftreserven mehr zur Verfügung. Die Fragen nach dem ethischen Stellenwert, nach der Bedeutung einer Sache für das Lebensglück meines Kindes und im Blick auf die Ewigkeit helfen Ihnen, die Dinge im richtigen Licht zu sehen, um Ihre Kinder auf ihrem Weg ins Erwachsenenalter zu begleiten.

Cynthia Ulrich Tobias schlägt ein weiteres Kriterium vor, um wichtige von unwichtigen Konflikten zu unterscheiden: die Frage der körperlichen Unversehrtheit unserer Kinder.[4] Es steht außer Frage, dass Sie es Ihrem Kind gestatten könnten, auf einer belebten Straße zu spielen oder ohne Gurt und Kindersitz Auto zu fahren – selbst wenn es noch so vehement darauf besteht. In solchen Fällen ist eine Entscheidung eindeutig. Wenn Ihr Kind in Gefahr ist, müssen Sie als Eltern gewinnen. Sicherheit ist eine klare Priorität.

Die Gegenwart gestalten

Wir müssen die Anlässe für grundsätzliche Auseinandersetzungen also sorgfältig aussuchen. Bei drei nicht gerade lammfrommen Söhnen wussten wir, dass wir nur eine begrenzte Zahl von Schlachten gewinnen konnten, und dass wir in den entscheidenden Punkten unsere Söhne zur Kooperation bewegen wollen. Die folgenden Leitlinien fanden wir dabei hilfreich:[5]

Leitlinien zur Konfliktlösung

- *Diskutieren Sie Themen, die möglicherweise Probleme bedeuten, bevor es zum Konflikt kommt.* Stellen Sie unterschiedliche Verhaltensmöglichkeiten vor und sagen Sie deutlich, was Sie von Ihrem Kind erwarten. Reden Sie über die Dinge, wenn Ihr Kind ausgeglichen und gesprächsfähig ist, nicht wenn es unter emotionaler Hochspannung steht.

- *Achten Sie die Fähigkeit Ihres Kindes, unter den Möglichkeiten, die Sie anbieten, selbst eine Entscheidung zu treffen.* Das setzt voraus, dass die Alternativen, die Sie anbieten, dem Alter und den Fähigkeiten Ihres Kindes angemessen sind.

- *Schauen Sie hinter die Kulissen.* Machen Sie sich klar, dass provozierendes Verhalten Ihres Kindes ein Weg ist, um sich selbst und die eigenen Grenzen auszuprobieren.

- *Überprüfen Sie Ihre Toleranzgrenze im Blick auf das Verhalten Ihres Kindes.* Vielleicht gibt es Dinge, die Sie zu Überreaktionen veranlassen?

- *Tun Sie die Dinge, die Sie von Ihrem Kind erwarten, gemeinsam.* Damit geben Sie Ihrem Kind ein Vorbild und Sie nutzen zugleich eine Gelegenheit, die Kommunikationsbrücke zu Ihrem Kind zu befestigen.

- *Eine Eskalation von Druck oder Manipulation bewirkt in der Regel eine Eskalation im Trotzverhalten des Kindes.* Bieten Sie Alternativen an.

- *Wenn Sie etwas von Ihrem Kind auf alle Fälle getan haben wollen,* sagen Sie nicht: „Würdest du bitte mal ...“ Sagen Sie stattdessen: „Jetzt ist es Zeit, dass du ...“

- *Vergessen Sie nicht, Anerkennung auszudrücken,* wenn Ihr Kind kooperationsbereit war.

Uns haben diese Hinweise geholfen, einige Machtkämpfe und Manipulationsversuche zu vermeiden. Außerdem haben sie zu einem direkten und offenen Kommunikationsstil mit unseren Kindern geführt. Wenn Erwartungen und Positionen klar benannt werden, erhält das Kind die Botschaft: Wir vertrauen dir.

Was sind nun die Punkte, in denen wir als Eltern nicht nachgeben wollen und versuchen müssen, unser Kind zu kooperativem Verhalten zu erziehen?

Geschwisterrivalität

In unserer Familie war ein solches Thema der Umgang mit Streitigkeiten und Rivalität zwischen unseren Söhnen. Weil temperamentvolle Kinder mehr Aufmerksamkeit verlangen als unauffälligere Kinder, kommen die Geschwister leicht zu dem Schluss, der temperamentvolle Bruder oder die willensstarke Schwester sei der Liebling der Eltern. Das kann zu negativen Verhaltensmustern unter den Geschwistern führen – was wir als Eltern natürlich vermeiden wollen. Manchmal erscheint es auch dem temperamentvollen Kind so, als würden die übrigen Geschwister vorgezogen. Da ein temperamentvolles Kind die Eltern stärker herausfordert, kann es tatsächlich passieren, dass die Eltern das „pflegeleichtere" Kind unbewusst vorziehen.

Es geht ja nicht um die Frage, ob wir ein Kind lieber haben als das andere, sondern darum, dass uns das Verhalten des einen Kindes missfällt und das des anderen nicht. Die größten Erziehungsprobleme bekommen Eltern, die nicht unterscheiden können zwischen dem Wesen, der *Person* ihrer Kinder und ihrem *Verhalten*. Außerdem reagiert man häufig auf das Kind, das einem ähnlicher ist, heftiger. Nichts ist so ärgerlich, als die eigenen Schwächen in seinem Kind wiederzuentdecken!

Was ist denn nun Rivalität unter Geschwistern? Wie kommt es dazu? Was ist noch „normal"? „Rivalen" sind zwei oder mehr Personen, die um denselben Gegenstand oder um dasselbe Ziel kämpfen. Oft kommt es dabei zu Eifersucht und Abneigung.

Wenn Kinder zu Rivalen werden, kann das unterschiedliche Gründe haben. Einige davon sind:

- Kinder versuchen, ihre individuellen Persönlichkeit zu entdecken und zu entwickeln.
- Zwei Kinder machen gegensätzliche Entwicklungsphasen durch.
- Unfaire, ungerechte Behandlung (ob tatsachlich oder vermeintlich)
- Kinder sind von ihren Eltern enttäuscht oder frustriert.

Eltern, die mehr als ein Kind haben, werden es zwangsläufig mit einem gewissen Maß an Geschwisterrivalitäten zu tun bekommen. Für Eltern temperamentvoller Kinder sowie in Patchwork-Familien oder für Adoptiveltern kann das Problem besonders komplex sein.

Rivalitäten unter Geschwistern gab es schon immer – Kain und Abel, Isaak und Ismael, Jakob und Esau sind die frühesten Beispiele. Heute findet sich dieses Problem in Familien überall auf der Welt, ob sie nun Kevin und Lisa oder Janik und Isabella heißen. (Setzen Sie an dieser Stelle ruhig die Namen Ihrer Kinder ein.) Und weil die Rivalität unter Geschwistern ein universelles Phänomen ist, stellt sich die Frage: Wie kann ich die Auswirkungen dieses Problems auf meine Familie möglichst gering halten?

Die folgenden konkreten Schritte können Sie tun, um ein posi-

Botschaft Vier: Zeig mir wie man Kooperationsbereitschaft lernt!

tives Verhältnis Ihrer Kinder untereinander zu fördern. Machen Sie sich darüber Gedanken, bevor der nächste Konflikt ins Haus steht.

1. *Vermeiden Sie es, Ihre Kinder zu vergleichen; bejahen Sie die Einzigartigkeit jedes Ihrer Kinder.* Überlegen Sie doch einmal, wie aufgebracht und enttäuscht Sie wären, wenn jemand fragen würde, warum Sie nicht auch so sein können wie Person XY. Vergleiche setzen das eine Kind herab und legen dem anderen, bevorzugten eine ungeheure Bürde auf. Lesen Sie in Ihrer Familie doch einmal gemeinsam mit den Kindern im 1. Korintherbrief, im Kapitel 12 die Verse 12-26 – ein gutes Mittel gegen die Vergleicherei und mit Sicherheit eine tolle Diskussionsgrundlage. In diesem Bibeltext wird betont, dass die Gemeinde aus unterschiedlichen Gliedern zusammengesetzt ist – jeder von uns hat seine individuellen Stärken und Schwächen. Sprechen Sie mit Ihren Kindern darüber, inwieweit sie sich voneinander unterscheiden und wie sie sich in ihrer Unterschiedlichkeit ergänzen. Das ist eine gute Möglichkeit, um der Vergleiche-Falle zu entkommen.

2. *Gehen Sie fair mit Ihren Kindern um – und Fairness bedeutet nicht, alle gleich zu behandeln!* Jedes Kind ist einzigartig. Deshalb kann Fairness nicht bedeuten, alle Kinder gleich, sondern jedes Kind entsprechend seinen persönlichen Bedürfnissen zu behandeln. Der Familienpsychologe Peter Goldenthal stellt fest: Je besser es Ihnen gelingt, auf die individuellen Bedürfnisse jedes Kindes einzugehen, umso mehr verringern sich die Anlässe für Konflikte und Ärger in der Familie. Sie können unmöglich alle Ihre Kinder gleich behandeln. Wenn Sie das versuchen, ermutigen Sie Ihre Kinder nur dazu, Vergleiche zu ziehen und endlos darüber zu streiten, wer wann und wovon mehr bekommen hat.

Fairness bedeutet nicht, alle Kinder gleich, sondern jedes entsprechend seiner individuellen Bedürfnisse zu behandeln.

Unsere Söhne waren sehr unterschiedlich. Einer war ausgesprochen verantwortungsbewusst im Umgang mit Geld, sein Bruder dagegen gab alles aus, was er hatte, und hatte stete Ebbe in der Kasse. Natürlich erhielt der eine größere Freiheit im Umgang mit dem Geld, während wir bei unserem verschwenderischen Sohn genauer hinsahen und engere Grenzen zogen, bis er lernte, seine Finanzen zu handhaben. Natürlich machte das in unserer Liebe zu beiden Söhnen keinen Unterschied, aber der Versuch, beide gleich zu behandeln, wäre ein Disaster gewesen.

3. *Respektieren Sie die unterschiedliche Art Ihrer Kinder.* Sie können Ihren Kindern helfen, ihre Geschwister zu achten und zugleich ihre eigenen persönlichen Stärken zu erkennen. Falls Sie auch lauter Jungs wie wir oder lauter Mädchen haben – pressen Sie sie nicht alle in die gleiche Form. Wenn Ihr Ältester ein begeisterter Fußballspieler ist, sollten Sie von Ihrem Zweitältesten nicht dasselbe erwarten – sehr wahrscheinlich wird er sich in eine andere Richtung entwickeln. Erkennen Sie die Einzigartigkeit jedes Ihrer Kinder. Dann können Sie es auf seinem Weg ermutigen und sein Selbstwertgefühl festigen.

> *Erkennen Sie die Einzigartigkeit jedes Ihrer Kinder. Dann können Sie es auf seinem persönlichen Weg ermutigen.*

Entdecken Sie die unterschiedlichen Persönlichkeiten Ihrer Kinder. Ist das eine Kind introvertiert, das andere eher außenorientiert? Ein introvertiertes Kind kann sehr sozial sein, braucht aber mehr Zeit und Raum für sich selbst. Das extrovertierte Kind dagegen bezieht geradezu seine Energie von Kontakten und Begegnungen, Phasen der Ruhe oder des Alleinseins langweilen es dagegen. Es ist Aufgabe der Eltern, jedem Kind zu seinem eigenen Recht zu verhelfen.

4. *Widerstehen Sie der Versuchung, den Schiedsrichter zu spielen.* Wenn Geschwister streiten, werden Sie vermutlich nie die „wahre" Geschichte dieses Streits herausfinden, falls Sie nicht gerade selbst beobachtet haben, was geschah. Wo immer möglich, sollten Sie Ihre Kinder ihre Streitigkeiten selbst regeln lassen.

Eine Mutter gab uns ihr ,Rezept' für solche Situationen weiter:
„Wir lassen jedes Kind seine Version des Vorfalls erzählen. Alle
am Streit Beteiligten müssen dabei sein, und jeder muss die Ver-
sion des anderen hören. Wir wollen, dass sie lernen, dass es
immer zwei Seiten der Medaille gibt. Solange niemand blutet
oder etwas ernsthaft kaputt gegangen ist, greifen wir nicht ein.
Oft wirkt allein das Erzählen und Angehört-Werden wie ein
Überdruckventil und die Spannung verringert sich. Es klappt
zwar nicht immer, aber es hat sich schon oft bewährt."

5. *Stecken Sie Ihre Kinder nicht in irgendwelche Schubladen.* Keiner
wird gerne das „Problemkind", der „Chaot" oder der „Trotz-
kopf" genannt. Es mag ja sein, dass Sie es mit Ihrem temperamentvollen Kind nicht leicht haben. Trotzdem braucht Ihr Kind
Ihre Liebe und Anerkennung. Und das „brave Kind" sein zu müssen, ist eine ziemlich schwere Bürde.

6. *Ignorieren Sie es nicht, wenn Ihr Kind sich beklagt, Sie würden*
den Bruder oder die Schwester vorziehen. Selbst wenn Sie glauben, dieser Vorwurf sei ungerechtfertigt, sollten Sie sich die Be-
schwerde Ihres Kindes anhören. Helfen Sie Ihrem Kind, seine
Gefühle zu sortieren, und bieten Sie ihm Aktivitäten bei denen es
diese Gefühle abreagieren kann.

7. *Wenn die Stimmung überhitzt ist, sollten Sie für eine Phase der*
Abkühlung sorgen. Nehmen Sie eine Auszeit, bevor Sie das Problem diskutieren. Man kann einen Konflikt leichter lösen, wenn
sich die Erregung gelegt hat und alle Beteiligten wieder objekti-
ver darüber reden können.

8. *Akzeptieren Sie, dass ein gewisses Maß an Rivalitäten unter*
Geschwistern unvermeidbar ist. Es gibt zwar vieles, was Sie tun
können, um die guten Beziehungen unter den Geschwistern zu
fördern. Aber Kinder sind Kinder, und ein gewisses Auf und Ab
gehört zum Leben. Aber betrachten Sie es doch einmal so: Diese
Streitereien und Rivalitäten helfen Ihren Kindern auch, überhaupt erst einmal festzustellen, *dass* sie anders sind als ihre

Geschwister und dass das völlig okay ist. Und wenn Sie sich aneinander reiben, werden auch manche Kanten und Ecken in ihrem Charakter geglättet. Es hat seinen Grund, warum Einzelkinder als die schwierigeren Ehepartner gelten – sie haben fast immer bekommen, was sie wollten.

Natürlich gibt es auch Situationen, in denen Sie als Eltern eingreifen müssen. Ein Lieblingssatz unseres ältesten Sohnes lautete: „Kind sein ist einfach nicht fair: Dein Schiedsrichter ist zugleich dein Strafrichter!" Es gibt Situationen, da müssen Sie einfach Ihren gesunden Menschenverstand einsetzen und Ihren Kindern helfen, ihren Streit zu regeln. Aber das Ziel sollte sein, dass es den Kindern mehr und mehr gelingt, ihre eigenen Lösungen zu finden.

Bitten Sie Gott um die nötige Weisheit, Ihre Kinder in diesem Prozess des „Sich-aneinander-Reibens" zu begleiten. Lassen Sie jedes Kind spüren, dass Sie die Einzigartigkeit, mit der Gott es geschaffen hat, bejahen. Und an den Tagen, an denen Sie das Gefühl beschleicht, Sie stehen inmitten eines „Bruderkrieges" auf verlorenem Posten, sollten Sie daran denken, dass Sie etwas für die Zukunft aufbauen und dass dieser Kampf nicht ewig andauern wird, weil Ihre Kinder erwachsen werden!

> *Wenn Ihnen alles über den Kopf wächst, denken Sie daran: Alles geht vorüber! Jedes Kind wird einmal erwachsen!*

Schulprobleme

Ein weiteres wichtiges Gebiet, in dem wir unserem temperamentvollen Kind kooperatives Verhalten abverlangen müssen, ist der schulische Bereich. Unzählige Lehrer (und Eltern) haben sich schon die Haare gerauft, getobt oder auch frustriert aufgegeben, weil es ihnen nicht gelungen ist, ein willensstarkes Kind zum Lernen anzuhalten oder zu motivieren.

Ein Lehrer, Vater eines anstrengenden Kindes, bemerkte treffend: „Eltern haben keinen Einfluss auf die Schulnoten ihrer Kinder. Letztlich entscheidet das Kind, welche Noten es bekommen will.

Botschaft Vier: Zeig mir wie man Kooperationsbereitschaft lernt!

Diese Situation begegnet mir sogar noch bei Oberstufenschülern: Die Eltern sind frustriert über das Zeugnis ihres Sprösslings; aber der Einzige, der daran etwas ändern kann, ist der Schüler selbst. Wir können unser Bestes tun, um unser Kind zu guten Leistungen zu ermutigen. Aber dann müssen wir die Zügel aus der Hand geben. Als Vater und als Erzieher habe ich die Erfahrung gemacht, dass wir als Eltern am meisten Kraft und Nerven auf Dinge verschwenden, auf die wir gar keinen oder nur sehr begrenzten Einfluss haben: was und wie viel unsere Kinder essen, ob sie Früh- oder Spätaufsteher sind, wann sie einschlafen und wie die Schulnoten ausfallen. Wir setzen unseren Kindern Grenzen. Vielleicht ist es an der Zeit, uns selbst Grenzen zu setzen und zuzugeben, dass es Dinge gibt, die wir nicht unter Kontrolle haben."

Das ist vermutlich der Grund dafür, warum das Thema Schule für Eltern so aufreibend ist. Wir können unsere Kinder beeinflussen, aber was dabei herauskommt, hängt nicht von uns ab.

Oft bleiben temperamentvolle Kinder unter ihrem Niveau oder sind in ihren Leistungen inkonstant. Kinder, die nicht alles geben, was in ihnen steckt, verursachen uns schlaflose Nächte, weil wir noch so viel ungenutztes Potential in ihnen entdecken. Das andere Extrem sind Kinder, deren vermeintlicher Wert so stark mit der schulischen Leistung verbunden ist, dass sie Magengeschwüre bekommen, wenn es einmal kein „Sehr gut" gibt.

Wir setzen unseren Kindern Grenzen. Vielleicht ist es an der Zeit, uns selbst Grenzen zu setzen und uns einzugestehen, dass es Dinge gibt, die wir nicht unter Kontrolle haben.

Unser temperamentvoller Sohn war so einer, dessen Leistungen stark schwankten. Im einen Schuljahr brachte er lauter Einser und Zweier nach Hause und im nächsten lauter Vierer und Fünfer. Wenn er keinen Sinn darin sah, eine Hausaufgabe zu machen, machte er sie auch nicht. Und wenn ein Lehrer seiner Meinung nach unfair war, warum sollte er sich dann im betreffenden Fach Mühe geben?

Einmal hatte er eine Lehrerin, von der er glaubte, sie hasse ihn. Wir versuchten, ihm zu vermitteln, dass Lehrer auch nicht vollkommen sind, dass sie – wie jeder andere Mensch auch – Sympathien und Abneigungen entwickeln und dass man nicht mit jedem Menschen gut Freund sein könne. Wir versuchten ihm klarzumachen, dass sein eigenes Verhalten vielleicht auch das Verhältnis zu dieser Lehrerin verbessern könnte. Gab es Möglichkeiten, ihre Abneigung zu überwinden? Musste er sich vielleicht in diesem Fach mehr anstrengen? Dem Unterricht aufmerksamer folgen? Er gab sich Mühe – bis dahin, dass er diese Lehrerin einmal zu uns zum Essen einlud. Aber dieser Schuss ging nach hinten los! „Jetzt ist es noch schlimmer als vorher", beklagte er sich. „Jetzt hat sie mich zu ihrem Lieblingsschüler erkoren." – Manchmal entwickeln sich die Dinge eben einfach nicht so, wie wir wünschen!

Bei Elternabenden stellten wir immer erstaunt fest, dass es nur zwei Reaktionen von Lehrern auf unseren Sohn gab: Entweder war ein Lehrer von ihm begeistert oder er kam gar nicht mit ihm klar – dazwischen gab es nichts. Schließlich wurde uns deutlich, dass wir die Lehrer dazu bewegen mussten, mit uns zusammenzuarbeiten, damit unser Sohn seinen Lehrern gegenüber kooperativer war. Denn bei den Lehrern, die ihn als klug, scharfsinnig und sogar herausfordernd ansahen, gab er sein Bestes. Aber bei den Lehrern, die ihn als Problemkind ausmachten, leistete er wenig und erfüllte so ihre niedrigen Erwartungen. Was können Sie als Eltern eines eigenwilligen, autonomiebetonten Kindes tun, damit es in der Schule gute Leistungen erzielen kann?

Erstens braucht Ihr Kind die Sicherheit, dass Sie an es glauben und auf seiner Seite stehen. Und zweitens braucht es Ihren Rat und Ihre Motivation.

Was ist Ihre Situation?

Welche Haltung hat Ihr Kind zur Schule? Viele Kinder freuen sich auf die Schule. Andere sind am ersten Schultag kaum oder nur mit Tränen von Mamas Schürzenzipfel wegzukriegen. Wir erinnern uns an harte Zeiten, als unser Ältester in die Schule kam. Jeden Morgen Tränen, Bauchschmerzen und andere Gründe, warum er nicht zur Schule gehen wollte. Bis Weihnachten brachte ich ihn jeden Tag zur Schule, bis er sich schließlich daran gewöhnte.

Auch wenn es nach außen hin anders erscheint: Temperamentvolle Kinder machen sich häufig eher „verrückt" als andere und können jede Menge versteckter Befürchtungen hegen. Sie brauchen das Verständnis der Eltern besonders. „Spielen Sie ihre Sorgen nicht herunter mit Bemerkungen wie: ‚Du machst dir viel zu viele Gedanken‘", schreibt Lawrence Balter, Psychologieprofessor in New York. „Machen Sie ihnen Mut, über ihre Ängste zu reden. Und wenn Sie ihnen einen Rat geben, dann drängen Sie ihn nicht auf." Das bedeutet, wir sollen unsere Weisheit nur in Form von Vorschlägen einbringen, nicht in Form von Forderungen.[6]

Elternabende

Elternabende oder Elternsprechstunden bei den Lehrern Ihres anstrengenden Kinder sind häufig nicht sehr angenehm. Klassenzimmer haben immer so etwas Einschüchterndes. Da werden Erinnerungen wach an die Zeit als wir noch die Kinder und die Lehrer die Großen waren. Außerdem macht es nicht viel Spaß, sich auf Situationen einzulassen, in denen ein anderer womöglich etwas wenig Schmeichelhaftes über das eigene Kind sagt. Sie wissen ja selbst, wie schwierig Ihr Kind sein kann, und Sie lieben dieses Kind – es ist Ihnen nicht gleichgültig!

Der Elternsprechtag sollte möglichst nicht die erste Begegnung mit den Lehrern Ihres Kindes darstellen. Wir haben immer die Gelegenheit zu ungezwungenen Begegnungen mit den Lehrern genutzt, sodass wir sie kennen lernen konnten. Schulfeste, Konzerte, Sportveranstaltungen waren Gelegenheiten zur Begegnung – und für uns Möglichkeiten, durch unsere Mithilfe zu demonstrieren, dass uns unsere Kinder und ihre Erziehung wichtig sind.

Ein Vater beschrieb seinen Umgang mit Lehrern so: „Wenn es um unsere eigenwillige und temperamentvolle Tochter geht, nehmen wir immer möglichst früh Kontakt zu neuen Lehrern auf. Wir versuchen ihn sozusagen in unser Team als Eltern mit hineinzunehmen und überlegen, wie wir als Eltern mit dem Lehrer zusammenarbeiten können, damit die Schule für unsere Tochter zu einer positiven Erfahrung wird. Bei den meisten Lehrern hat sich das sehr bewährt und wir als Eltern haben viel darüber erfahren, wie wir unserer Tochter helfen und den Rücken stärken können."

Wenn der Elternsprechtag vor der Tür steht, kann eine gezielte Vorbereitung viel zum Gelingen des Gesprächs beitragen:

- Machen Sie sich eine Liste mit Ihren Fragen und Anliegen und ordnen Sie die einzelnen Punkte ihrer Wichtigkeit nach. Nehmen Sie die Liste auch zu dem Treffen mit.
- Seien Sie pünktlich.
- Vergessen Sie nicht, dass dieses Gespräch Ihrem Kind dienen soll, und behalten Sie dieses positive Ziel im Blick, auch wenn unangenehme Dinge zur Sprache kommen sollten.
- Hören Sie genau zu. Notieren Sie sich evtl. Vorschläge des Lehrers. Und zögern Sie nicht, genauer nachzufragen.

Vielleicht möchten Sie mehr über den alltäglichen Ablauf erfahren, den Ihr Kind erlebt. Fragen Sie doch nach:
- An welchem Platz sitzt mein Kind?
- Nach welchen Gesichtspunkten werden die Leistungen der Kinder bewertet?
- Wann finden die Klassenarbeiten statt?
- Wie halten Sie es mit den Hausaufgaben?
- Wie kommt mein Kind mit seinen Mitschülern zurecht?

Vielleicht hilft es, wenn Sie der Lehrerin etwas über Ihr Kind erzählen:
- über Besonderheiten in der häuslichen Situation, z.B. Umzug, Todesfälle, Trennung der Eltern o.ä.
- über evtl. medizinische Probleme
- über die Hobbys, die Ihr Kind außerhalb der Schule verfolgt
- wie man Ihr Kind besonders gut motivieren kann.

Umbruchphasen

Veränderungen sind für temperamentvolle Kinder oft nicht leicht. Vergessen Sie nicht, dass sie die Dinge wesentlich intensiver erleben. Sie haben ihre eigene, sehr lebendige Innenwelt und fangen schnell an sich vorzustellen, was alles schief gehen kann. Wenn Ihr Kind in der Schule Probleme hat, sollten Sie sich fragen: Hat mein Kind an der Schule in diesem Jahr große Veränderungen durchgemacht? Ein Lehrerwechsel? Eine neue Klasse? Oder Ihr Kind macht sich Sorgen, dass die Lehrer sehr streng sind und es vielleicht nicht mitkommen wird. Vielleicht hat Ihr Kind auf eine andere Schule gewechselt und noch keine neuen Freunde gefunden.

Botschaft Vier: Zeig mir wie man Kooperationsbereitschaft lernt!

Auch der Übergang von der Grundschule zur weiterführenden Schule kann Kindern und Eltern Sorgen machen. Dieser Übertritt schafft mehr Freiheiten. Für Kinder kann das super sein; für Eltern hingegen oft beängstigend. Vielleicht ist Ihr Kind auch in eine größere Schule mit einer höheren Schülerzahl gekommen. Kinder unterscheiden sich zudem sehr in ihrem Entwicklungsstand. Eine Elfjährige kann wie sechzehn aussehen, während der gleichaltrige Junge noch wie ein Grundschüler wirkt.

In Umbruchphasen und Veränderungen braucht Ihr Kind Ihr Verständnis und Ihre Unterstützung ganz besonders.

Wenn Sie dieses Jahr große Veränderungen im Familienleben durchmachen, sollten Sie einmal Bilanz ziehen und eine Übersicht der jüngsten Veränderungen erstellen. Vielleicht ist der beste Freund Ihres Sohnes gerade umgezogen, oder Ihre Tochter hat eine Brille bekommen. Vielleicht wurde bei Ihrem Kind eine Lernschwäche festgestellt, oder es bekommt Nachhilfeunterricht. Oder es fängt gerade eine neue Sportart an.

Sie können Ihrem temperamentvollen Kind diese Umbrüche erleichtern, wenn Sie es spüren lassen, dass Sie seine Situation verstehen. Nehmen Sie sich doch einmal Zeit, um mit diesem Kind allein etwas zu unternehmen. Holen Sie es von der Schule ab und machen Sie auf dem Heimweg noch einen kleinen Abstecher. Solche besonderen Zeiten zu zweit werden Ihrem Kind die Gewissheit geben, dass es Ihnen wichtig ist – den Teamgeist Ihres Kindes werden Sie so auf jeden Fall beflügeln.

Wie Sie den Alptraum zwischen Aufstehen und Schulbeginn beherrschbar machen

Ein temperamentvolles Kind jeden Morgen in die Gänge und auf den Schulweg zu bringen, kann genauso ein Alptraum sein wie die Schule selbst. Temperamentvolle Kinder kommen mit festen Zeitplänen nur schlecht zurecht, und so kann jeder Schulmorgen eine echte Herausforderung werden. Der Morgen ist bestimmt nicht die Zeit, in der wir als Eltern unbedingt unumstößliche Grenzen aufzeigen sollten.

Ermutigend ist folgende Geschichte einer leiderprobten Mutter:
„Bei uns läuft es morgens viel besser, seit wir beschlossen haben,
dass Lars zum Frühstück essen darf, was er will, solange er sich an-
ständig benimmt und keinen Streit mit seiner Schwester anfängt.
Das Frühstück ist nun kein Stein des Anstoßes mehr und Lars sieht
immer noch recht gesund aus. Wir werden dem Kinderarzt nicht
unbedingt sagen, dass Lars zum Frühstück heute Cola und
Schokoriegel zu sich genommen hat. Das wäre auch bestimmt nicht
mein Geschmack, was ein gutes Frühstück angeht, aber Lars ging
heute bereitwillig zur Schule und eine Bemerkung seiner Lehrerin
deutet darauf hin, dass sein Schultag relativ erfolgreich verlief! Ich
lerne, flexibler zu sein und mir genauer zu überlegen, ob eine Sache
die Auseinandersetzung wert ist."

Erarbeiten Sie Ihre eigene Strategie

Nun sind Sie an der Reihe. Suchen Sie nach Wegen, wie Sie die Kooperationsbereitschaft Ihres Kindes fördern können. Vielleicht konzentrieren Sie sich darauf, sooft wie möglich „Ja" zu sagen. Damit steigt die Wahrscheinlichkeit, dass Ihr Kind es akzeptiert, wenn Sie „Nein" sagen müssen. Wie können Sie in Ihrer Familie den Teamgeist stärken?

Sagen Sie so oft wie möglich „Ja" – Ihr Kind wird dann auch die unvermeidlichen „Neins" leichter akzeptieren.

Stellen Sie eine Liste mit den unumstößlichen Prinzipien auf, die in Ihrer Familie gelten sollen. Vielleicht sind Sie überrascht, wie vieles sich dann als Nebensächlichkeit herausstellt, wofür Sie bisher Kraft und Energie verschwendet haben.

Vielleicht es auch an der Zeit, sich zuzugestehen, dass Sie als Eltern nicht perfekt sein müssen. Erziehung ist eine Kunst, keine Wissenschaft. Jeder Tag ist eine Investition in die Zukunft unserer Kinder. Das ist alle Mühe wert.

Eltern müssen nicht perfekt sein!

Gute Gewohnheiten für die Zukunft entwickeln

Den morgendlichen Wahnsinn überleben

Eltern aus unseren Eltern-Gruppen haben kreative Vorschläge zur Bewältigung des morgendlichen Wahnsinns gemacht. Hier einige davon:

- *Ernennen Sie einen Frühstückshelfer.* Ihre Kinder können reihum oder abwechselnd mit den Eltern den verantwortungsvollen Posten des offiziellen Frühstücksbeauftragten bekleiden. Dieser Posten beinhaltet, den Tisch bereits am Abend vorher zu decken. Wenn es Müsli geben soll, kann Ihr Kind auch gleich die Müslidosen auf den Tisch stellen.
- *Der vorangehende Abend bestimmt mit über den Verlauf des Morgens.* Deshalb ist es hilfreich, wenn die Kinder rechtzeitig schlafen gehen und schon alles für den kommenden Schultag vorbereitet ist (die Hausaufgaben sind vollständig erledigt und die Schultasche ist gepackt).
- *Wecken Sie Ihre Kinder rechtzeitig und auf eine liebevolle Weise* (indem Sie sich z.b. kurz an das Bett setzen, dem Kind über den Rücken streichen, es leise ansprechen und, wenn es zu sich gekommen ist, den Blick schon auf einen positiven Aspekt des beginnenden Tages lenken: „Heute ist herrliches Wetter, da kannst du mit dem Fahrrad zur Schule fahren!")
- *Nehmen Sie sich Zeit zum gemeinsamen Frühstück!* Eine Mutter berichtet, dass ihre Tochter kürzlich am Morgen von einer Schulfreundin abgeholt wurde, als Mutter und Kinder noch beim Frühstück saßen. Mittags fragte die Tochter, ob ihre Freundin am nächsten Tag mit bei ihnen frühstücken dürfe. Sie habe nämlich sehnsüchtig festgestellt, dass sie so etwas nie erlebe: Ein mit Blumen und Kerze gedeckter Tisch, fröhliche Gespräche – „Wie in einer Daily Soap!", war ihr Kommentar.
- *Experimentieren Sie mit kurzen Familienandachten!* Dafür gilt die Faustregel: Einfach und abwechslungsreich! Nach einigen Versuchen stellten wir fest, dass es für uns am besten geht, wenn wir nur einen Bibelvers lesen und zusammen beten. Das kann die Losung sein oder eine andere Sammlung von Versen, die Sie sich

zusammenstellen (und je nach Alter der Kinder vielleicht verändern) oder einem Kalender oder Andachtsbuch entnehmen. Sie
können die Kinder einbeziehen und sie ihre Lieblingsverse auf
Kärtchen schreiben lassen. Wenn ein Kind nicht mitmachen will,
drängen Sie es nicht. Sie können aber für alle Familienmitglieder
beten, ob sie nun dabei sind oder nicht. Unsere Andachten
dauerten selten länger als fünf Minuten. Wir bemühten uns auch,
dass die Andachten einen Bezug zum jeweiligen Tag hatten.
Wenn ein Kind an dem Tag eine Klassenarbeit schreiben musste,
war es immer froh über unser Gebet. An manchen Tagen ist es
vielleicht hilfreich, nur ein oder zwei Lieder miteinander zu
singen, die den Blick auf Gottes Größe und Liebe lenken.

Hausaufgabenstress vermeiden

Alle Kinder, besonders aber willensstarke Kinder, brauchen ein
gewisses Maß an Ordnung und Disziplin, um in der Schule Erfolg
zu haben. Was können Sie tun, damit Ihr Kind mit den Hausaufgaben besser zurechtkommt?

- *Richten Sie ein Hausaufgaben-Zentrum ein.* Wenn Ihre Kinder so
  sind wie alle Kinder, dann wollen sie dort sein, wo sich das
  Familienleben abspielt – und nicht in ihrem Zimmer. Eine Mutter
  hat eine ideale Lösung gefunden: Sie richtete das Hausaufgaben-
  Zentrum direkt am Esstisch ein. In unmittelbarer Nähe befand
  sich eine Schachtel mit Schreibutensilien, die schnell herausgeholt
  und ebenso schnell wieder verstaut werden konnte, wenn aus
  dem Hausaufgaben-Zentrum wieder ein Esstisch werden sollte.
  Und da sich das Hausaufgaben-Zentrum in der Küche befand,
  war Mama stets in der Nähe, um Fragen zu beantworten oder die
  Kinder wenn nötig zum Weiterarbeiten zu ermahnen.
- *Richten Sie einen Materialpool für Hausaufgaben ein.* Wie oft
  haben Sie schon zu hören bekommen: „Ich konnte meine Hausaufgaben nicht machen, weil ich keinen Stift gefunden habe"
  oder „... weil ich kein Papier mehr habe." Um solche Probleme
  zu vermeiden, könnten Sie eine Box mit Schreibutensilien und Papier einrichten. Kaufen Sie eine einfache Papp-Box. Ihre Kinder
  können die Box außen mit Stickern verschönern. Dann tun Sie
  die nötigen Utensilien hinein, wie Papier, Stifte, Spitzer, Kleb-

stifte, Filzstifte, Lineal, Schere, Marker, Schnellhefter, Wörterbuch und Rechtschreib-Duden. Sie könnten ja auch mit Ihrem Kind in den nächsten Schreibwarenladen gehen und Ihr Kind die Sachen aussuchen lassen. Es kann sich dann die Marken aussuchen, die es möchte. Denn Sie wollen Ihrem Kind ja möglichst viele Entscheidungen überlassen.

- *Legen Sie einen Hausaufgaben-Planer an.* Halten Sie fest, welche Hausaufgaben zu machen sind, um unnötige Diskussionen zu vermeiden. Hierfür eignet sich ein Hausaufgabenbuch, in dem Sie jedem Kind einen Abschnitt zugeteilt haben. Sie können natürlich auch für jedes Kind ein eigenes Buch anlegen oder Ihre Kinder das Hausaufgabenheft selbst führen lassen. Schreiben Sie die Aufgaben hinein und vermerken Sie, wann sie erledigt wurden. Ihr Kind bekommt das Gefühl vermittelt, etwas erreicht zu haben, wenn es hinter die jeweiligen Aufgaben ein Häkchen machen kann.

- *Führen Sie die „Fünfzehn-Minuten-Regel" ein.* Wie können Sie ein Kind dazu bringen, täglich etwas für die Schule zu tun, wenn es Ihnen jeden Tag sagt: „Ich habe keine Hausaufgaben auf"? Führen Sie die „Fünfzehn-Minuten-Regel" ein. Falls Ihr Kind keine Hausaufgaben aufbekommen hat, soll es eine Viertelstunde lang etwas lesen, damit es sich das Lernen zur Gewohnheit macht. Selbst temperamentvolle Kinder werden Spaß daran finden, wenn Sie hin und wieder ein lehrreiches Video oder Computerspiel zur Hand haben.

Sorgen Sie für einen guten Schlafrhythmus Ihres Kindes.

Wie viele Machtkämpfe werden abends ausgetragen, wenn Kinder nicht akzeptieren wollen, dass sie jetzt schlafen sollen! Und wie viele Erzieher/innen und Lehrer klagen über chronisch übermüdete Kinder!

Gerade willensstarke Kinder sind auf einen klar strukturierten Tagesablauf angewiesen, auch wenn sie das nicht leicht akzeptieren. Legen Sie, dem Schlafbedürfnis Ihres Kindes entsprechend, die Schlafenszeit fest, vereinbaren Sie miteinander bestimmte Spielregeln und lassen Sie den Tag in Ruhe ausklingen. Dazu gehört, dass die Familie rechtzeitig zu Abend isst, damit noch Zeit für ein allabendliches Ritual bleibt – vielleicht miteinander eine Geschichte zu lesen, zu singen und zu kuscheln, zu reden und zu beten.

Selbst größere Kinder schätzen es meistens, wenn die Eltern zur Bettgehzeit noch einmal in das Zimmer kommen und sich ein paar Minuten Zeit für ein Gespräch und einen Gutenachtkuss nehmen – manchmal bringen sie gerade dann Themen zur Sprache, die ihnen auf der Seele liegen.

Familienzeit

Eines hat uns auf jeden Fall geholfen, unseren temperamentvollen Sohn zu einer kooperationsbereiten Haltung zu bewegen. Wir ließen ihn immer wieder spüren, wie sehr wir ihn lieben, und suchten nach Möglichkeiten, an seinem Leben Anteil zu nehmen. Die Beziehungen unter den Brüdern wurden dadurch gefestigt, dass wir uns für jeden unserer Söhne individuell Zeit nahmen und dadurch, dass wir als Familie gemeinsam etwas unternahmen. Als unsere Kinder in der Grundschule waren, gab es jede Woche einen Familienabend, an dem wir alle viel zu lachen hatten. Wir spielten zusammen, es wurde vorgelesen und so manches andere gemeinsam unternommen.

Botschaft Fünf:
Setze mir Grenzen!

→ *„Mich frustriert am meisten, dass ich immer gewinnen will. Ich habe einen ebenso starken Willen wie mein Sohn! Und manchmal muss ich mir selbst eine ‚Auszeit' verordnen."*

→ *„Meine Tochter scheint überhaupt kein Empfinden dafür zu haben, dass es ohne Rücksichtnahme auf andere nicht geht. Wenn sie nicht ihren Willen bekommt, kann sie stundenlang brüllen, und nichts und niemand kann sie beruhigen."*

„Ich will Gummibärchen, Mami. Jetzt sofort!" Timo, gerade drei Jahre alt, kam schon zum zehnten Mal mit derselben Forderung. „Nein, Timo, jetzt kannst du keine Gummibärchen haben", antwortete seine Mutter zum zehnten Mal.
Von einem Moment zum nächsten verwandelte sich der „liebe Kleine" in eine Miniaturausgabe von Dschingis Khan: mit zusammengekniffenen Augen und wutgerötetem Gesicht und mit einem Blick, der Enttäuschung in Rebellion verwandelte, stieß er ein Gebrüll aus, das im ganzen Supermarkt zu hören war. Seine Mutter wäre am liebsten im Boden versunken – aber sie war sicher nicht die erste Mutter, die miterlebte, wie ihr Kind im Supermarkt einen ausgewachsenen Tobsuchtsanfall bekam.

Für Kinder zwischen zwei und vier Jahren gehören Wutanfälle zu einer normalen Entwicklung während der Trotzphase dazu. Bei temperamentvollen, willensstarken Kindern scheinen sie aber eine Art Persönlichkeitsmerkmal zu sein und hören keineswegs mit vier Jahren wieder auf. Die Unfähigkeit, Enttäuschungen eigener Wünsche oder Vorstellungen zu akzeptieren, überwinden sie oftmals erst in der Pubertät oder im frühen Erwachsenenalter.

Der Kinderpsychologe Stanley Turecki hat die These aufgestellt, dass eine Ursache für überaggressive Verhaltensmuster im sich entwickelnden Nervensystem dieser Kinder liegt. Es scheint, als seien manche Kinder physiologisch nicht in der Lage, ihre Impulse und Reaktionen zu kontrollieren.

Lawrence Kutner hat beobachtet, dass Kinder mit aggressivem Verhalten häufig bereits als Säuglinge ruhelos gewesen sind, auch bevor sie krabbeln und laufen können. Unser anstrengender Sohn kämpfte sogar schon vor der Geburt mit dem Sicherheitsgurt im Auto! Kutner bemerkt, dass das Nervensystem überaggressiver Kinder anscheinend weniger gut ausgereift ist als das anderer Kinder ihres Alters.[1] Daraus ergeben sich weitere Probleme im Bereich von Selbstkontrolle und Disziplin. Sie können nicht länger als wenige Minuten stillsitzen. Sie sind leicht ablenkbar. Und wenn sie aufgeregt oder ärgerlich sind, können sie diesen Impuls nicht steuern oder begrenzen. Sie sind oft fahrig und können sich nur für ein paar Minuten auf eine einzige Sache oder Aufgabe konzentrieren.

Botschaft Fünf: Setze mir Grenzen!

Für viele Eltern bedeuten diese Untersuchungen eine große Erleichterung. Sie müssen die Ursache für das schwierige Verhalten ihres Kindes nicht mehr in erster Linie bei sich und ihrem eventuellen Versagen suchen.

Auch inmitten einer heftigen Auseinandersetzung ist es oft schwer, nicht aus dem Blick zu verlieren, dass Ihr Kind Sie nicht aus Bosheit an den Rand Ihrer Beherrschung bringt. Sie müssen sich also nicht mit falschen Vermutungen oder Schuldgefühlen herumplagen. Verstehen Sie das schwierige, rebellische oder aggressive Verhalten Ihres Kindes lieber als versteckte Botschaft. Und die Botschaft lautet: „Setze mir Grenzen."

Ihr Kind hat keine boshaften Motive, wenn es Sie an den Rand Ihrer Beherrschung bringt. Verlieren Sie das nicht aus dem Blick!

Die Herausforderung verstehen

Neben der Liebe ist Disziplin das Wichtigste und Beste, das wir unseren Kindern mitgeben können, sagt der Erziehungsfachmann T. Berry Brazelton.[2] Zwar ist vielen Eltern bewusst, dass es wichtig ist, Grenzen zu setzen. Aber wie sie das in einer konsequenten und positiven Weise tun können, gehört zu den schwierigsten Kunststücken der Erziehungsarbeit – und das gilt besonders, wenn Sie ein willensstarkes Kind haben.

Was genau ist Disziplin? Lange Zeit wurde der Begriff in erster Linie mit Strafe in Verbindung gebracht. In seiner Wurzel hängt das Wort Disziplin zusammen mit dem lateinischen Begriff *discipulus*, „der Lernende". Es geht bei der Disziplin also nicht in erster Linie darum, zu bestrafen, sondern darum, etwas zu vermitteln: die Kunst der Selbstbeherrschung. Disziplin soll unseren Kindern helfen, einmal verantwortungsvoll ihr eigenes Leben gestalten zu

Disziplin soll unseren Kindern helfen, einmal verantwortungsvoll ihr eigenes Leben gestalten zu können. Dazu gehört es, sich selbst Ziele und Grenzen setzen zu können.

können. Dazu gehört es, sich selbst Ziele und Grenzen setzen zu können.

Disziplin zu erlernen gehört wesentlich zu einer guten Vorbereitung auf das Leben. Wie also können wir unsere willensstarken Kinder auf das Leben vorbereiten? Zunächst müssen wir uns unser Ziel bewusst machen: Wir wollen unseren Kindern helfen, Selbstdisziplin und Selbstbeherrschung einzuüben. Doch die Preisfrage ist: Wie erreicht man das? Unser temperamentvoller Sohn kannte jeden einzelnen Knopf, mit dem man Mama oder Papa auf die Palme bringt. Wenn wir uns überstürzt auf eine verbale Auseinandersetzung einließen, hatten wir meist schon verloren. (Sie erinnern sich – er ist heute Anwalt!) Wie konnten wir ihm die nötigen Grenzen setzen und ihm gleichzeitig Selbstdisziplin und Selbstbeherrschung beibringen? Was uns entscheidend half, war die Erkenntnis: Wir müssen die Beziehung zu unserem Sohn als ganze im Blick haben. Die Beziehung sollte immer Vorrang vor irgendwelchen Einzelmaßnahmen haben.

Rebellion um jeden Preis?

Es hätte leicht dazu kommen können, dass sich unser willensstarker Sohn zum Rebellen entwickelte. Einmal meinten wir zu ihm, wie froh wir wären, dass er sich nicht ständig quer stellt. Und er antwortete: „Na ja, ich neige schon dazu."

Diese Bemerkung machte uns neugierig, und so fragten wir ihn, welchen Rat er wohl einem Freund geben würde, der am liebsten gegen seine Eltern rebellieren würde. Er meinte: „Ich würde ihm sagen, dass er zwar zunächst seinen Willen durchsetzen würde, dass aber auf lange Sicht keiner dabei gewinnen würde – weder er noch seine Eltern. Das ist, wie wenn man auf einer Klippe steht. Man springt nicht runter, weil man ganz genau weiß, was passiert, wenn man es tut."

Mit diesem Bild machte er uns deutlich, dass ihm die Beziehung zu uns wichtiger war als alles, was er durch Protest, Aufstand oder Rebellion erreichen könnte. Für uns war das eine Motivation, alles zu tun, um die gesunde Beziehung zu unserem Sohn zu erhalten.

Mit diesem Ziel im Hinterkopf stellten wir die folgenden Richtlinien auf, nach denen wir Grenzen setzen und durchsetzen wollten.

Die Gegenwart gestalten

Erstens: Wir wollen unsere Kinder stets spüren lassen, dass wir sie respektieren, insbesondere in Situationen, wenn „einschränkende Maßnahmen" unvermeidlich sind.

Wie zeigt man Respekt? Indem wir unseren Kindern zuhören, uns für sie Zeit nehmen, sie in ihren Fähigkeiten bestärken und sie ermutigen, ihren Talenten und Interessen nachzugehen. Wir bemühten uns, ihnen auch dann mit Achtung zu begegnen, wenn wir sie für ihr Verhalten zurechtweisen mussten. Dazu gehört zum Beispiel, ein Kind nicht aus Ärger oder Frust heraus zu beschimpfen oder zu bestrafen. Danach fühlt man sich vielleicht momentan besser, für das Kind aber kann es verheerende Folgen haben.

Respekt zeigen heißt: unseren Kindern zuhören, uns für sie Zeit nehmen, sie in ihren Fähigkeiten bestärken und sie ermutigen, ihren Interessen nachzugehen.

Wenn Gott uns zurechtweist, so tut er es zu unserem Besten. Seine Korrektur macht uns reifer und dient dazu, dass wir besser auf das Leben vorbereitet sind (vgl. Hebräerbrief, Kapitel 12, Vers 10). Genauso sollten wir unsere Kinder achten und bei Zurechtweisungen und Strafen immer ihr Bestes im Blick haben. Wir müssen das Problem anpacken, nicht die Person angreifen! Es ist zum Beispiel ein riesiger Unterschied, ob wir sagen: „Ach, Robin, du bist schon wieder so ungeschickt – die ganze Milch hast du verschüttet!" oder ob wir sagen: „Oh, du hast die Milch verschüttet. Ich zeige dir, wie du sie aufwischen kannst!"

Oder statt: „Julia, warum hast du Geld aus meinem Portmonee gestohlen?" können Sie auch sagen: „Julia, wir müssen mal zusammen reden. In meinem Portmonee fehlt Geld, und vielleicht weißt du, was damit passiert ist?"

Greifen Sie das Problem an, nicht die Person!

Unterscheiden Sie auch zwischen Trotzreaktionen und kindlicher Ungeschicktheit. Hat Robin die Milch mit Absicht umgestoßen, weil er wütend war, oder war es nur ein kleiner „Unfall"? Bevor Sie Ihrem Kind Vorwürfe machen, sollten Sie unbedingt alle Aspekte der Sache kennen. Was brachte Julia dazu, das Geld zu nehmen? Und vor allem: Sind Sie absolut sicher, dass sie es tatsächlich genommen hat?

Zweitens: Unsere Kinder sollen lernen, Autorität zu respektieren. Autorität an sich ist nicht das Problematische bei willensstarken Kindern. Entscheidend ist oft vielmehr die Art, wie Autorität vermittelt oder gefordert wird. Einfach nur zu sagen: „Du tust das jetzt, weil ich dein Vater/deine Mutter bin und weil ich es dir sage!", ist geradezu eine Aufforderung zu Rebellion und Ungehorsam. Temperamentvolle Kinder müssen das Warum unserer Anweisungen verstehen können. Sie müssen ganz klar verstehen, was Sie als Problem sehen. Und Sie sollten nicht vergessen, Ihr Kind zu fragen, ob es in der fraglichen Angelegenheit ebenfalls ein Problem sieht. Wenn das nicht der Fall ist, können Sie sagen: „Ich bin froh, dass ich weiß, wie du die Sache siehst. Wir sind hier unterschiedlicher Meinung und ich möchte dir gern erklären, warum ich glaube, dass hier ein Problem besteht." Wenn Ihr Kind Ihre Gründe versteht, wird es Ihrer Aufforderung eher Folge leisten.

> Sie werden Ihr Kind sicher nicht immer von Ihrer Sicht der Dinge überzeugen können. Aber Sie können vermitteln, wie konstruktive und lösungsorientierte Kommunikation aussieht und wie man Kompromisse eingeht.

Bemühen Sie sich darum, einen Schlagabtausch von Meinungen in ein konstruktives Gespräch zu verwandeln. Sie werden Ihr Kind sicher nicht immer von Ihrer Sicht der Dinge überzeugen können. Aber Sie können durch Ihr Beispiel vermitteln, wie konstruktive und lösungsorientierte Kommunikation aussieht und wie man Kompromisse eingeht.

Erinnern Sie sich an die Regeln der Gesprächsführung (Kapitel 4). Vermeiden Sie Du-Aussagen und Warum-Fragen. Wie könnte z.B. ein Gespräch darüber aussehen, dass Ihr Kind immer wieder aus Ärger oder Frustration körperlich aggressiv wird? „Jannik, ich verstehe, dass du auf Patrick wütend warst. Aber er wird auch zornig, wenn du ihn gleich trittst und schubst. Weißt du, es gibt bessere Wege ihm zu zeigen, dass du ärgerlich bist. Wenn du die anderen immer trittst und schlägst, will niemand gern dein Freund sein. Sag ihm doch das nächste Mal einfach, was dich ärgert. Vielleicht hört er dann damit auf und ihr bleibt Freunde."

Vielleicht wird Ihr Sohn nicht viel von dieser „Rede" mitkriegen, weil er noch viel zu sehr von seinem Ärger beherrscht ist. Aber Sie geben ihm mit dieser Reaktion ein Modell, wie Sie selbst mit Ihrem Ärger oder Ihrer Sorge über das Verhalten Ihres Kindes umgehen: nicht laut, nicht tätlich werdend. Diese nonverbale Botschaft nimmt Ihr Sohn auf und sie hilft ihm auch, die emotionale Hochspannung abzubauen, unter der er steht.

Drittens: Wenn wir Grenzen setzen, sollten sie vernünftig und plausibel sein.
Grenzen vermitteln Kindern Sicherheit. Wenn wir unseren Kindern dem jeweiligen Alter angemessene Pflichten und Rechte übertragen, ermutigen wir sie zugleich, selbst mehr und mehr die Verantwortung für ihr Handeln zu übernehmen. Wir haben unseren Söhnen jedes Jahr etwas mehr Freiheit zugestanden, damit sie schließlich – wenn sie die Schule beendet haben und aus dem Haus gehen – genügend Selbstständigkeit besitzen (s. dazu Kapitel 8). Unsere Kinder müssen auch erleben können, dass wir uns selbst Grenzen setzen. Wir sind ein Vorbild für unsere Kinder, ob wir es wollen oder nicht!

Viertens: Wir wollen Disziplin vermitteln, indem wir eher positives Verhalten verstärken als negatives verbieten.
„Ertappen" Sie Ihr Kind möglichst oft dabei, wie es etwas gut macht, und sagen Sie ihm das auch. „Timo, wie schön, dass du von selbst daran gedacht hast, die Katze zu füttern!" – „Jana, heute musste ich dich gar nicht daran erinnern, Klavier zu üben/das Spielzeug aufzuräumen ... Darüber hab ich mich gefreut!" Geben Sie den Bereichen, in denen Ihr Kind normalerweise Schwierigkeiten hat, besondere Aufmerksamkeit – ein Lob kann hier oft mehr bewirken als viele Ermahnungen.

Von Zeit zu Zeit haben wir auch Strichlisten geführt oder Prämien ausgesetzt. Positive Anreize können die Disziplin sehr unterstützen. Achten Sie aber darauf, dass sie dem Alter Ihres Kindes entsprechen. Aufkleber und Süßigkeiten sind prima für Vorschulkinder; für Grundschüler ist es etwas Tolles, über eine Woche hinweg auf ein Ziel hinzuarbeiten; ältere Kinder können sich auch Monats- oder sogar Halbjahresziele setzen.

Fünftens: Wir verbünden uns mit der Realität.
Sooft wie möglich ließen wir unsere Kinder die natürlichen Konsequenzen ihres Handelns spüren. Dr. Kevin Leman und Randy Carlson, Verfasser des Buches *Parent Talk*, nennen dies „Disziplin durch die Realität". Der Weg zur „Disziplin durch die Realität" bedeutet, dass Eltern aus der Rolle der Strafenden herauskommen und stattdessen die Wegweiser zur Wirklichkeit werden und ihren Kindern helfen, Verantwortung zu übernehmen. „Statt den wilden Mann/die wilde Frau zu spielen", so der Rat an die Eltern, „vertrauen Sie einfach darauf, dass die Realität Ihre Kinder belehrt und sie die Konsequenzen spüren lässt."

Disziplin durch Realität bedeutet, dass Eltern aus der Rolle der Strafenden herauskommen und stattdessen die Wegweiser zur Wirklichkeit werden, die ihren Kindern helfen, verantwortlich zu handeln.

Zur Disziplin durch die Realität gehört es, dass im Vorfeld Regeln festgesetzt und Vereinbarungen getroffen werden. Von vornherein ist auch klar, welche Konsequenzen es für das Kind hat, wenn es die Regeln nicht befolgt oder die Vereinbarungen missachtet – unter Umständen sind es auch ganz natürliche Konsequenzen. Wenn ein Teenie zum Beispiel selbst für seine Wäsche zuständig ist, sucht er halt so lange nach sauberen Klamotten, bis er gelernt hat, seine Wäsche regelmäßig zu waschen. Ein Schulkind, das zum vierten Mal die Mutter anruft, weil es seine Turnsachen vergessen hat, bekommt dann zum Beispiel die Antwort, es solle ohne Turnzeug zum Turnen gehen. (Unser Tipp: Vergesslichen Kindern kann man helfen, indem man einen Haken in der Nähe der Haustür anbringt, an den es die Dinge hängen kann, die es am nächsten Morgen nicht vergessen darf.)

Sechstens: Die Strafe soll dem Vergehen angemessen sein.
Einem Kind eines seiner Privilegien zu entziehen, kann eine brauchbare Version der Disziplin durch die Realität sein. Wie lange dieses Privileg entzogen wird, sollte sich nach dem Vergehen und auch nach dem Alter des Kindes richten. Einem Kleinkind, das die Wände mit Wachsmalstiften beschmiert, könnte man für einige Tage die Stifte entziehen; einem Teenie, der sein Recht, das Telefon der Eltern zu benutzen, missbraucht, könnte man für eine kurze Zeit die Anzahl der täglichen Telefonate beschränken. Doch der Entzug solcher Privilegien sollte einen vernünftigen zeitlichen Rahmen haben. Wenn Sie Ihrem Teenager einen Monat lang das Telefonieren verbieten, kann das eine endlos lange Zeit werden – für Ihr Kind ebenso wie für Sie selbst!

Siebtens: Wenn Strafe unvermeidlich ist, soll sie „zukunftsorientiert" sein.
Um die Zukunft im Blick zu behalten, sollten Sie mit Ihrem Kind über die Frage sprechen: „Wie können wir eine solche Konfliktsituation in Zukunft vermeiden?" Zu Zukunftsorientierung gehört aber auch, dem Kind das alte Vergehen nicht ständig wieder vorzuhalten!

Als Eltern eines temperamentvollen Kindes werden Sie sich sicher mit dem Problem der Aggressivität oder ungebremster Temperamentsausbrüche auseinander setzen müssen. Wie können Sie damit „zukunftsorientiert" umgehen?
Lawrence Kutner hat fünf Grundregeln aufgestellt:
1. Finden Sie heraus, welche Auslöser eine „Explosion" hat. Eine Mutter nannte uns ihren ‚Sekundencheck': „Müde? Hungrig? Einsam? Frustriert?" Welche Auslöser führen bei Ihrem Kind zu aggressivem oder explosivem Verhalten?
2. Sobald es Anzeichen für einen Temperamentsausbruch gibt, versuchen Sie, Ihr Kind abzulenken, bevor es die Beherrschung verliert. Wenn Ihre vierjährige Tochter die Legosteine nur noch

durchs Zimmer wirft, aber nicht mehr damit spielt, nehmen Sie die Legos weg und bieten Sie ihr etwas anderes zum Spielen oder eine andere Aktivität an.

3. Sorgen Sie für einen strukturierten Tagesablauf. Für willensstarke Kinder bedeutet ein wiederkehrender Ablauf Sicherheit und damit ein geringeres Risiko für Überreaktionen auf etwas Neues und Überraschendes.

4. Vermitteln Sie Ihrem Kind so früh wie möglich angemessene Methoden, auszudrücken, was es will. Akzeptieren Sie keinen Tobsuchtsanfall, sondern helfen Sie Ihrem Kind, zu sagen, was es möchte oder was es ärgert oder ängstigt. Zeigen Sie ihm auch, wie man verhandelt und Kompromisse schließt.

5. Konzentrieren Sie sich auf das Positive. Sowohl Kinder als auch Eltern haben die Tendenz, das Negative an einer Situation eher zu sehen als eventuelle positive Aspekte. Wann immer Sie bemerkten, dass Ihr Kind Fortschritte macht in seinem Umgang mit Aggressivität, erkennen Sie das an.[3]

Achtens. Manchmal brauchen Eltern und Kinder eine „Auszeit"! Eltern brauchen sie, um nicht unbeherrscht, inkonsequent oder ungerecht zu reagieren, Kinder, um sich zu beruhigen und um zu verstehen, dass oder warum sie etwas falsch gemacht haben. Solche Auszeiten sind besonders hilfreich bei Kindern im Vorschulalter. Dabei ist es wichtig, dass sich Ihr Kind nicht einfach einer anderen Beschäftigung zuwendet, sondern sich mit dem aktuellen Konflikt auseinander setzt.

Wie funktioniert die „Auszeit" bei Vorschulkindern? Lassen Sie das Ganze eher wie eine Hilfestellung als wie Strafe aussehen. „Ich glaube, du brauchst eine kleine Ruhepause. Setz dich einfach mal ein wenig hierhin." Sie können für diese Auszeit eine Eieruhr oder Kurzzeitwecker benutzen. Stellen Sie eine bestimmte Zeit ein (in der Regel eine Minute für jedes Lebensjahr; bei einer Vierjährigen also vier Minuten Auszeit). Die Zeit läuft, sobald Ihr Kind sich – vielleicht etwas abseits oder im Nebenzimmer – ruhig hingesetzt hat. Es sollte jedoch nicht auf sein Zimmer gehen dürfen. Wenn die Uhr klingelt, fragen Sie Ihr Kind, was es falsch gemacht hat. Ermutigen Sie Ihr Kind gleichzeitig, indem Sie ihm sagen, dass Sie es lieb haben, auch wenn Sie sein Verhalten missbilligen. Sagen Sie ihm z.b.: „Ich habe dich lieb, aber du darfst so etwas nicht wieder tun!" Und dann nehmen Sie Ihr Kind in den Arm.

Auch ältere Kinder können eine Zeit lang isoliert werden, um über ihr Verhalten nachzudenken. Vielleicht müssen Sie zuerst einmal Ihre Lautstärke drosseln – auch wenn das schwierig ist. Aber gerade Ihrem schwierigen Kind wird das helfen, ebenfalls ein wenig „zurückzudrehen". Atmen Sie ein paar Mal tief durch. (Die Atemübungen aus Geburtsvorbereitungskursen können hier noch einmal sehr gute Wirkungen erzielen!)

Und manchmal ist es einfach für Sie als Mutter oder Vater wichtig, sich eine Auszeit zu gönnen. Eine Mutter enthüllte uns: „Ich habe meinen zweijährigen Sohn einmal nass und splitternackt in seinem Zimmer liegen gelassen, weil ich einfach eine Pause brauchte. Den Teppich sauber zu machen, falls er ihn als Windelersatz benutzte, war besser, als ihn zu schlagen – und davon war ich nicht mehr weit entfernt. Ich war einfach am Ende meiner Geduld angekommen."

Wie bei jeder einschränkenden Maßnahme ist es wichtig, nachher darüber zu reden. Nur so können Sie erkennen, ob die „Strafe" einen positiven Effekt für Ihr Kind hatte: ob es etwas aus der Situation gelernt hat. Kommunikation ist vor allem wichtig, um die liebevolle Beziehung wiederherzustellen. Charlie Shedd nennt diesen Prozess die „Wiederanbindung" und zählt dazu alles, wodurch Sie dem Kind erneut vermitteln können, dass es geliebt ist. Ob Sie Ihr Kind in den Arm nehmen, ihm über den Kopf streichen oder bei älteren Kindern einen freundschaftlichen Rippenstoß versetzen oder wie immer Sie diese Liebe kommunizieren, vergessen Sie nie, es geht letztlich um das Gefühl der Sicherheit, das Sie dadurch vermitteln. Sie wollen Ihrem Kind sagen: „Was immer du auch tust, es wird niemals so schlimm sein, dass ich dich nicht mehr lieb habe."

Vermitteln Sie Ihrem Kind die Botschaft: Nichts, was du tust, kann jemals so schlimm sein, dass ich dich nicht mehr lieb habe.

Noch einmal: Die klassische Supermarktszene

Erinnern Sie sich noch einmal an Timo, den kleinen Wilden an der Supermarktkasse. Angesichts eines solchen dreijährigen Vulkans können unsere besten Grundsätze sehr schnell über Bord gehen! Was kann Timos Mutter tun, um ihrem Sohn zu helfen, derartige Wutausbrüche als wirkungslos zu erkennen?

Folgende Hinweise für den Umgang mit Wutanfällen finden sich bei Lawrence Kutner:

So begegnen Sie Wutanfällen und Explosionen

- *Entspannen Sie sich.* Atmen Sie tief durch. Wenn Ihrem Kind keine unmittelbare körperliche Gefahr droht, kann sich eine kleine Beruhigungspause nur zum Vorteil auswirken.
- *Geben Sie nicht nach.* Das Schlimmste, was Sie tun können, ist, der Forderung eines Kindes mit Wutanfällen nachzugeben. Wenn Sie nachgeben, haben Sie den nächsten Wutanfall bei ähnlicher Gelegenheit schon vorprogrammiert.
- *Machen Sie deutlich, dass Sie die Zügel in der Hand haben.* Timos Mutter entfernte ihren Sohn vom „Tatort". Sie gab ihren Platz in der Schlange auf, nahm ihren Sohn am Arm und brachte ihn in die Vorhalle. Damit wurde auch für Timo spürbar, dass sie die Kontrolle über die Situation hatte.
- *Sagen Sie Ihrem Kind, warum Sie seinen Wunsch nicht erfüllen. Aber bleiben Sie standhaft.* Manchmal, aber nicht immer lassen sich willensstarke Kinder auch ablenken. Wenn das nicht gelingt, geben Sie nicht nach.
- *Kümmern Sie sich nicht darum, was die Leute denken.* Die meisten Eltern waren sicher schon in ähnlichen Situationen und werden eher Sympathie als Empörung aufbringen. Timos Mutter war die Sache zwar peinlich, aber sie blieb konsequent und vermittelte ihrem Sohn so die Erfahrung: Wutanfälle führen nicht zum Ziel.

Beantworten Sie die Botschaft: Setz mir Grenzen!

Ihrem Kind Disziplin und die nötigen Grenzen zu geben, wenn es mit aller Macht dagegen arbeitet, ist keineswegs einfach. Aber es ist notwendig. Wie können Sie beginnen? Gerade die Frage der Grenzen kann Eltern leicht wie ein unlösbares Problem erscheinen. Wählen Sie deshalb einen Aspekt dieses Kapitels aus und setzen Sie ihn um. Das ist realistischer und Erfolg versprechender, als zu beschließen, von jetzt an alles völlig anders zu machen. Der Weg dahin, Ihrem Kind zu geben, was es braucht, beginnt mit einem Schritt. Einige solcher „ersten Schritte" werden wir Ihnen im nächsten Abschnitt vorstellen.

Wenn ein Nein unvermeidlich ist

1. Zuhören, zuhören, zuhören.
2. Vor allen Dingen Geduld.
3. Nehmen Sie die Sache nicht zu tragisch. Versuchen Sie, etwas Komisches oder Humorvolles daran zu entdecken.
4. Vermeiden Sie Diskussionen, wenn Sie müde, hungrig oder erschöpft sind.
5. Erinnern Sie sich: Auch dieser Konflikt ist vorübergehend. Auch dieses Kind wird einmal erwachsen sein.
6. Heiße Eisen soll man erst abkühlen lassen. Verordnen Sie sich eine Auszeit, bevor Sie explodieren.
7. Vergessen Sie nicht: Beziehung geht vor!

Gute Gewohnheiten für die Zukunft entwickeln

Verhandeln und Verträge schließen

Wo immer möglich, sollten Sie Ihr Kind in die Entscheidung über festzulegende Grenzen einbeziehen. Dazu müssen Sie ihm einige Fähigkeiten vermitteln: die Fähigkeit zu verhandeln und die Kunst, Kompromisse zu schließen. Einfache „Verträge" können Sie schon mit Grundschulkindern aushandeln. Für Vorschulkinder können Sie auch bildhafte Darstellungen verwenden, um sie an Abmachungen zu erinnern, etwa: „Wenn du eine Woche lang jeden Abend ohne Extra-Aufforderung deine Zähne putzt, darfst du am Sonntag ein Extra-Video sehen."

Wie kann eine solche Vertragsverhandlung aussehen? Nehmen wir das Beispiel der Auseinandersetzung über die angemessene Computerzeit. Ein achtjähriges Kind möchte mehr Zeit am Computer verbringen. Die Eltern halten dies nicht für richtig.

Voraussetzung: Führen Sie das Gespräch in einem entspannten Moment, wenn alle Beteiligten mit einem „kühlen Kopf" und ausgeruht an die Sache herangehen können. Vier Schritte sollten Sie beachten:

1. Das Kind vertritt sein Anliegen: „Ich möchte selbst bestimmen,

wie viel Zeit ich am Computer verbringe. Ich möchte nicht, dass meine Eltern entscheiden, wann ich aufhören muss."

2. Eltern(teil) vertritt seine Sicht der Dinge: „Ich möchte nicht, dass du zu viel Zeit am Computer verbringst und dadurch andere schöne Dinge verpasst, die du auch gern tust: Lesen, mit Freunden spielen, deine Hausaufgaben erledigen oder mit der Familie zusammen zu sein.

3. Sammeln Sie alle möglichen Lösungen (wirklich alle, auch die, die zunächst verrückt erscheinen!):

- Sohn/Tochter darf Computerzeit selbst bestimmen, führt aber darüber Buch.
- Eltern legen fest, wann und wie lange der Computer benutzt werden darf und halten die Zeiten fest.
- Eine Liste mit anderen Aktivitäten aufstellen, die das Kind auch gern wahrnimmt.
- Computer darf benutzt werden, aber nur, wenn Hausaufgaben und Mithilfe im Haushalt erledigt wurden.
- Kind sammelt Punkte für Computernutzung, wenn es andere Freizeitaktivitäten wahrnimmt.

4. Suchen Sie nach einem Kompromiss. Jetzt müssen Eltern und Kind zusammenarbeiten. Halten Sie schriftlich fest, worauf Sie sich einigen – jeder „Partner" erhält eine Ausfertigung des Vertrags. Bei „Verstößen" können Sie sich darauf beziehen, und das hilft Ihnen, das Problem anzugreifen und nicht Ihr Kind.

Beispiel für einen „Computervertrag":
Leonie und ihre Eltern vereinbaren die folgenden Regeln für die Benutzung des Computers:

1. An Schultagen macht Leonie zuerst ihre Hausaufgaben. Dann kann sie am Computer spielen.

2. Leonie kann eine halbe Stunde hintereinander am Computer verbringen. Danach beschäftigt sie sich anders.

3. Leonie einigt sich mit ihren Geschwistern, wann sie am Computer sein kann.

4. Mama überprüft die Hausaufgaben, und Leonie zeigt Mama die erledigten Hausaufgaben, bevor sie an den Computer geht.

5. Ggf. ergänzen Sie, was noch berücksichtigt werden sollte.

Wenn diese Regeln nicht eingehalten werden, gilt Folgendes:
Erster Verstoß: 1 Tag lang kein Computer.
Zweiter Verstoß: 2 Tage lang kein Computer usw.

Führen Sie ein Fehler-Tagebuch

Auch als Eltern verlieren wir oft genug mitten in einer Debatte über einen Konflikt die Nerven und sagen Dinge, die wir später bereuen. Um diesen Automatismus zu unterbrechen kann es helfen, wenn Sie einmal einige Wochen lang alle Begebenheiten aufschreiben, die Sie zu einer Überreaktion gebracht haben. Notieren Sie, was geschah, wie Sie sich vor dem Vorfall gefühlt haben, was Sie so auf die Palme gebracht hat, die Reaktion Ihres Kindes und Ihre eigene Reaktion und wie Sie das Verhalten Ihres Kindes verstehen. Sehr oft stellt sich nach einiger Zeit heraus, dass solche Explosionen auf Seiten der Eltern ebenfalls (wie auch häufig bei Ihren Kindern) einem bestimmten Muster folgen, dass es immer wieder ähnliche Auslöser gibt. Das ermöglicht Ihnen für die Zukunft, wachsam zu sein.

Wenn Ihr Kind alt genug ist, können Sie Ihre „Erkenntnisse" auch mitteilen und gemeinsam überlegen, welche besseren Lösungen es für die beschriebenen Konflikte gegeben hätte. Reden Sie auch darüber, wie Sie in Zukunft in ähnlichen Situationen reagieren wollen.

Zeit lassen

Geben Sie Ihrem Kind Zeit, sich zu beruhigen, wenn die Emotionen hoch geschlagen sind. Auch wenn Sie dadurch evtl. einmal einen Termin verpassen, dass Sie Ihrem Kind noch eine Weile Ruhe in seinem Zimmer gönnen – in den meisten Fällen ist es das wert. Die meisten temperamentvollen Kinder profitieren davon, wenn ihnen von außen Gelegenheit verschafft wird, wieder bei sich selbst anzukommen.

Familien-Termin-Kalender

Temperamentvolle Kinder empfinden vorhersehbare Strukturen als Hilfe. Der Transparenz dient z.B. ein Familienkalender, in dem die Termine aller Familienmitglieder möglichst weit im Voraus eingetragen werden. Mit ein bisschen Übung darin, den Kalender immer wieder einmal zu betrachten, werden sich die „Überraschungsaktionen" verringern, die oft zu emotionalen Explosionen geführt haben. Sie können auch regelmäßig, z.b. einmal in der Woche, die anstehenden Termine und Ereignisse mit Ihrem Kind oder im „Familienrat" besprechen.

Überprüfen Sie Ihren Tagesablauf

Es passiert leicht, dass wir so beschäftigt sind, dass der normale Tagesablauf dabei in Vergessenheit gerät. Willensstarke Kinder brauchen aber eine gewisse Regelmäßigkeit. Setzen Sie sich mit Ihrem Kind zusammen und planen Sie einen „normalen" Tagesablauf vom Wecken bis zum Schlafengehen mit allem, was an einem solchen Tag noch erledigt werden muss. Überprüfen Sie von Zeit zu Zeit, ob Sie Ihren Plan noch einhalten oder ob Sie Veränderungen vornehmen wollen.

Richten Sie einen Familienrat ein

Der Familienrat kann gerade dem temperamentvollen Kind helfen, die eigene Kreativität und Impulsivität konstruktiv in das Familiengeschehen einzubringen. Zugleich erfährt es dadurch Wertschätzung und macht die Erfahrung, dass es wichtige Entscheidungen mit beeinflussen kann. Außerdem kann das gemeinsame Planen und Entscheiden auf diese Weise richtig Spaß machen. Ein Vater machte folgende Erfahrungen: „Wir begannen mit dem ‚Familienrat', als unsere Kinder zwischen sieben und drei Jahre alt waren. Sogar die Kleinen hatten Spaß daran, respektierten die Entscheidungen und alle lernten etwas darüber, wie man ein solches Treffen so leitet, dass alle noch ihren Spaß dabei haben. Natürlich brauchten wir Regeln. Wir einigten uns auf Folgende:

1. Jeder kann den Familienrat einberufen, aber es muss rechtzeitig vor dem vorgesehenen Termin geschehen. Niemand sollte deswegen andere Verabredungen aufgeben müssen.

2. Alle Familienmitglieder müssen anwesend sein.

3. Die Tagesordnung ist offen. Jeder hat die Chance, einzubringen, worüber er oder sie sprechen möchte, auch wenn kein unmittel-

barer Handlungsbedarf besteht. Ein neues Thema kann aber erst dann eingebracht werden, wenn das vorherige Thema abgeschlossen ist.

4. Das Treffen wird reihum von einem Familienmitglied geleitet. Es gibt ein kurzes Protokoll, in dem festgehalten wird, was beschlossen wurde. Bei uns schreibt Mama die Protokolle.

5. Eltern haben das Recht, ein Thema als „nicht abstimmungsfähig" zu erklären. Über alles wird gesprochen, aber nicht in jedem Fall kann per Abstimmung entschieden werden. (Verständlicherweise – Sie können sich vorstellen, wie sonst die „Abstimmung" über die Haushaltspflichten der Kinder ausfallen würde.)

6. Jeder hat eine Stimme. Die Mehrheit entscheidet. Wenn unentschieden abgestimmt wird, ändert sich nichts. Kinder können (wenn die Konstellation so ist) die Eltern überstimmen. (Als Eltern müssen Sie allerdings dafür Sorge tragen, dass nichts zur Abstimmung freigegeben wird, was evtl. der ganzen Familie Schaden zufügen würde.)

7. Jeder stimmt für die Lösung, von der er überzeugt ist. Es gibt keine Versuche, andere zu überreden oder Bündnisse zu schließen. Jeder stimmt für seine eigenen Interessen und nach eigener Überzeugung.

7

Botschaft Sechs:
Hilf mir, mit Zorn und
Enttäuschung umzugehen!

▶ „*Ich werde oft so wütend auf meine Tochter, dass ich sie an-schreie – so enttäuscht bin ich von ihr. Ich will das nicht, aber es passiert mir trotzdem immer wieder. Wie kann ich nur lernen, in frustrierenden Situationen gelassen zu bleiben?*"

„*Warum muss jede Kleinigkeit gleich zu einem Streit ausarten?*"

Es war ein langer, kalter Winter in Deutschland gewesen, und so waren wir natürlich begeistert, als Freunde uns ihr Chalet in Adelboden in der Schweiz anboten. Allein der Gedanke an ein paar Tage in den Schweizer Bergen erfüllte uns mit Vorfreude. Das klang so entspannend – selbst noch mit drei Jungs im Alter von drei, sechs und acht Jahren.

Alles war vorbereitet und im Auto verstaut, selbst das Essen für die Tage. Die Fahrt war frei von irgendwelchen Katastrophen, bis auf das normale: „Jetzt bin ich dran, am Fenster zu sitzen." ... „Stimmt nicht. Du warst gerade erst dran gewesen!" „Ich hab Hunger." „Ich verdurste!" „Wann sind wir endlich da?" Unsere Standardantwort: „In weniger als fünf Stunden" schien sie nicht zu befriedigen. Doch schließlich kamen wir in Adelboden an.

Der nächste Tag begann für uns schon früh. Nach dem Frühstück waren alle bereit. Wir freuten uns auf unsere große Unternehmung – eine lange Wanderung. Stellen Sie sich majestätische Berge zu beiden Seiten eines schmalen Tals vor. Der Pfad schlängelt sich zwischen den hohen Bäumen hindurch. Durch den Schnee brechen bereits die ersten Vorboten des Frühlings.

Es war still. Kein Fernseher, keine laute Musik. Keine Autos oder Züge, nur diese herrliche Stille – selbstverständlich durchbrochen von den lebhaften Stimmen unserer drei Jungs. Plötzlich hörten wir ein Geräusch, ein donnerndes Grollen – aber es war kein Donner. Es war eine Lawine!

Jetzt gerieten wir in Panik. Und dann in fieberhafte Aktivität. Dave schnappte sich unseren Dreijährigen, und so schnell wir konnten kletterten wir zu einem höher gelegenen Gelände hinauf. Sollte die Lawine auf unserer Seite abgehen, würde es uns nicht viel helfen. Dann würden wir nur etwas weiter oben vom Schnee begraben. Aber es war einer dieser Momente, wo man einfach irgendetwas tun muss. Erleichtert beobachteten wir, wie auf der gegenüberliegenden Talseite Tonnen von Schnee den Berg herunterstürzten.

Die Herausforderung verstehen

Temperamentvolle Kinder zu erziehen ist manchmal so ähnlich wie unsere Lawinenerfahrung. Alles scheint ruhig und harmonisch, doch plötzlich explodieren diese Kinder und kippen alles auf dich ab – nur dass es kein Schnee ist, sondern ihre unkontrollierte Wut. Temperamentvolle Kinder stehen unter einer höheren inneren Spannung als ihre „einfacheren" Geschwister, und manchmal explodieren sie völlig unerwartet. Wie können Sie die emotionalen Ausbrüche Ihres Kindes voraussehen und ihm helfen, Wut, Zorn und Enttäuschung angemessener zu verarbeiten? Darum geht es in diesem Kapitel.

Wir müssen unserem willensstarken Kind helfen, seinen Zorn abzureagieren und auf positive Weise zu verarbeiten. Das schlagen Lawinenforscher übrigens auch vor, um das Aufschichten großer Schneemengen zu verhindern. In der Schweiz machen sie es während der Lawinensaison so, dass sie durch kleinere Sprengungen immer wieder verhindern, dass der Schnee eine kritische Höhe erreicht. Wie die Lawinenbeobachter können wir Eltern unseren Kindern helfen, ihren Ärger nach außen zu bringen, bevor er die kritische Marke erreicht.

Eine Mutter beschrieb das Problem so: „Unsere ,schwierige' Tochter ist schwierig, weil wir oft viel zu spät merken, dass sie ärgerlich ist. Wenn wir es dann bemerken, hat sie oft schon jede innere Kontrolle verloren und ist keinem vernünftigen Argument mehr zugänglich. Bei Julie baut sich Aggression sehr viel schneller auf als bei unseren anderen beiden Kindern. Wenn wir den anderen sagen, welche Konsequenzen ein bestimmtes Verhalten haben wird, akzeptieren sie das in der Regel. Aber Julie versteht so etwas als Herausforderung. Wenn wir uns dann in der Hitze des Gefechts zur Androhung von Konsequenzen hinreißen lassen, erhalten wir Antworten wie: ,Na und? Das finde ich gar nicht schlimm.' Oder: ,Ist mir doch egal.' Oder: ,Das könnt ihr gar nicht. Ich höre einfach nicht zu.'
In solchen Situationen hilft es meistens, wenn wir ihr die Möglichkeit geben, sich zu beruhigen: eine Weile in ihrem Zimmer oder

nach draußen zu gehen und auf andere Gedanken zu kommen. Das kann manchmal bis zu ein oder zwei Stunden dauern. Danach sprechen wir darüber, was verkehrt gelaufen ist und was ihrer Meinung nach die fairen Konsequenzen sein sollen. Meistens sieht sie dann ein, dass ihr Verhalten nicht richtig war.
Natürlich bedeutet das viel mehr „Einsatz" von unserer Seite. Außerdem müssen wir ihren Geschwistern immer wieder erklären, dass wir sie nicht unfair behandeln und Julie alles durchgehen lassen, sondern dass sie einfach eine andere Behandlung braucht."

Ärger, Wut und Zorn verstehen

Zorn und Wut sind wohl die Emotionen, die wir als Eltern am meisten fürchten. Denn wie alle anderen Emotionen sind diese Gefühle bei unseren temperamentvollen Kindern sehr intensiv und werden oft ungebremst nach außen geschleudert. Dann ist es nicht schwer, falsch darauf zu reagieren, und so entsteht ein Kreislauf von Angst, Anspannung und vielleicht Resignation – sowohl bei den Eltern als auch bei unseren Kindern. Eltern sind ja nicht immun gegen negative Gefühle, und wenn unsere Kinder explodieren, kann uns dasselbe passieren.

Botschaft Sechs: Hilf mir, mit Zorn und Enttäuschung umzugehen!

Erinnern Sie sich an den letzten „Ausbruch" Ihres Kindes? Welche Gefühle hat das in Ihnen ausgelöst? Ärger? Angst? Vielleicht steckt in Ihnen auch ein tief liegender Zorn darüber, dass Sie sich mit einem so anstrengenden Kind herumplagen müssen. Wenn wir unseren eigenen Zorn nicht unter Kontrolle bringen, können wir auch unseren Kindern nicht helfen, mit negativen Emotionen umzugehen.

Wenn wir unseren eigenen Zorn nicht unter Kontrolle bringen, können wir auch unseren Kindern nicht helfen, mit negativen Emotionen umzugehen.

Werfen wir zunächst einen genaueren Blick auf dieses Gefühl Zorn. Offensichtlich gehört es zum breiten Spektrum der Gefühle, die Gott in uns hineingelegt hat. Auch die Bibel bewertet den Zorn nicht negativ. „Wenn ihr zornig seid, sündigt nicht", wird da gesagt, und empfohlen, über unserem Zorn die Sonne nicht untergehen zu lassen. Wenn Ärger und Zorn natürliche Gefühle sind, muss es einen Weg geben, damit umzugehen, ohne dass sie Beziehungen zerstören und dauerhaften Schaden anrichten.

Unsere eigene Erfahrung mit Wutausbrüchen unserer Kinder zeigt, dass es sehr oft nötig war, zunächst Abstand zu der Situation zu bekommen. Es geschieht so leicht, dass wir uns zu erschöpft und unfähig fühlen, eine weitere Auseinandersetzung mit unserem unmöglichen Kind durchzustehen. Ich (Claudia) erinnere mich an Szenen, in denen ich meinem Sohn sagte: „Im Moment bin ich kurz vor der Explosion. Bitte sprich mich für mindestens eine Stunde nicht an!" Ein anderes Mal wurde mir mitten in einer Debatte mit meinem Sohn bewusst, dass ich die Beherrschung verlor. „Stop, alle Maschinen stop", sagte ich, „ich reagiere nur noch aus Wut. Irgendwo zwischen Überreaktion und gar keiner Reaktion gibt es eine richtige Reaktion. Gib mir einfach die Zeit, die ich brauche, um sie zu finden."

Ärger und Zorn sind natürliche Gefühle. Wir müssen einen Weg finden, damit umzugehen, ohne dass sie Beziehungen zerstören.

Übrigens: Humor hilft immer – wenn es Ihnen gelingt, ihn zu entdecken, nutzen Sie das.

Ärger und Zorn
sind sekundäre
Emotionen. Sie
sind die Folge von
Angst oder Ent-
täuschung.

Für uns war es eine wichtige Entdeckung, dass Zorn eine sekundäre Emotion ist. Ärger und Zorn sind oft die Folge von Angst oder Enttäuschung – eine Perspektive, die uns half, zu verstehen, was sich gerade abspielte. Temperamentvolle und willensstarke Kinder erleben ein hohes Maß an Frustration – allzu oft entspricht die Welt eben nicht ihren Vorstellungen davon, wie sie zu sein hätte.

Wenn Ihr Kind Mühe hat, seinen Zorn zu beherrschen, sollten Sie nach den Ursachen suchen. Überlegen Sie, wie die letzten vier Wochen verlaufen sind: Wie oft ist Ihr Kind explodiert? Welches Verhalten beobachten Sie? Was waren die Auslöser? Welche Ergebnisse brachte der „Sekundencheck" (Hungrig? Müde? Überfordert? Einsam?)? Gibt es vielleicht Schwierigkeiten in der Schule?

Werfen Sie einen Blick auf den Zeitplan Ihres Kindes. Ist der vielleicht überfüllt? Wie viele regelmäßige Termine gibt es neben der Schule? Ein Schüler stöhnte: „Ich hasse Dienstage. Schule, Fußballtraining, Klavierstunde – bis ich nach Hause komme, ist es sechs Uhr, und dann muss ich noch Hausaufgaben machen."

Wenn Ihr Kind öfter die Beherrschung verliert, erlebt es vielleicht gerade eine schwierige Phase. Es braucht Ihre Hilfe, um sich zu verstehen und um zu lernen, Zorn anders auszudrücken als durch Wutausbrüche. Denn der Ärger muss sich Luft machen. Alles in sich hineinzufressen ist keine gute Lösung: der Zorn sucht sich dann indirekte Ausdrucksmöglichkeiten, und das kann zu passiv-aggressivem Verhalten führen.

Die Gegenwart gestalten

Für Ihr Kind ist es wichtig, dass es seine Gefühle zum Ausdruck bringen kann. Ihre Beziehung zu Ihrem Kind wird dadurch eher besser als schlechter. Doch Sie müssen Ihrem Kind vermitteln, wie es extreme Gefühle ausdrücken kann, bevor sie sich zu einer Lawine aufstauen. Sie können Ihrem Kind beibringen, seine Wut zu beherrschen, statt sich von ihr beherrschen zu lassen.

Den Zorn unter Kontrolle bringen

Der richtige Umgang mit Zorn ist etwas, was sowohl Ihr Kind als auch Sie selbst lernen können. Wenn wir uns am Wesen Gottes orientieren, finden wir in ihm ein Modell: er ist „langsam zum Zorn" und unerschöpflich in seiner Liebe. Als Eltern sind wir dafür zuständig, unsere Kinder zu ermutigen und ihnen den richtigen Umgang mit sich selbst zu zeigen, ohne sie zu provozieren (Epheser 6,4). Kinder lernen durch Vorbilder und übernehmen sehr oft das Verhalten, was andere ihnen vormachen. Viele Eltern aus unseren Eltern-Gruppen haben gute Erfahrungen mit dem folgenden Stufenmodell des Umgangs mit Zorn gemacht.[1]

Mit dem Zorn konstruktiv umzugehen kann man lernen.

Stufen des Umgangs mit Zorn

Stellen Sie sich eine Leiter mit sechs Sprossen vor. Die unterste Sprosse ist die schlechteste oder am wenigsten wirksame Art, mit Zorn umzugehen, die oberste die angemessenste und wirkungsvollste Art. Das Ziel ist, nach und nach auf dieser Stufenleiter immer weiter nach oben zu gelangen.

Das folgende Beispiel illustriert, wie der Weg zur obersten Stufe aussehen kann:

An einem regnerischen Nachmittag versuchen sich Mario und Sara an Saras neuem 500-Teile-Puzzle. Mario hat die letzten zehn Minuten mit der Suche nach einem ganz bestimmten, markant geformten Teil mit blauem Himmel zugebracht. Da bringt Sara das Teil mit einem selbstgefälligen Blick zum Vorschein und legt es an seinen Platz.

„He, wo hast du das plötzlich her?", fragt Mario misstrauisch. Und natürlich bestätigt sich sein Verdacht: Sara hatte das Teil schon Minuten zuvor gefunden und versteckt. Mario ist wütend! Er könnte jetzt auf einer beliebigen Stufe der Stufenleiter reagieren, je nachdem wie gut er gelernt hat, mit seinem Zorn umzugehen.

Stufen des Umgangs mit Zorn

6. *Angemessener Ausdruck von Zorn und Ärger*

5. *Emotionsgeladene Darstellung der Situation*

4. *Unkontrollierte, nicht zielgerichtete Äußerung von Wut*

3. *Wutanfall gegenüber dem „Auslöser"*

2. *Unkontrollierte Aggression (gegen Personen und Gegenstände)*

1. *Passiv-aggressives Verhalten*

Stufe 1:
passiv-aggressives Verhalten (Man sagt nichts, aber man rächt sich.)
Mario tut so, als freue er sich, dass Sara das Teil gefunden hat. Dann aber versteckt er seinerseits ein paar Puzzleteile. Und wenn Mama dann die Hose in die Wäsche tut, ohne die Taschen zu leeren, hätte er seine Genugtuung.

Botschaft Sechs: Hilf mir, mit Zorn und Enttäuschung umzugehen!

Stufe 2:
unkontrollierte Aggression (Aggression gegen Personen oder Gegenstände)
Mario schreit, brüllt, stößt den Tisch um und zerstört das bereits zusammengesetzte Teil des Puzzles, wobei vielleicht auch das eine oder andere Teil verloren geht.

Stufe 3:
Wutanfall (der Wunsch, jemanden mit verbaler Gewalt – Geschrei oder Gebrüll – zu verletzen)
Mario beschimpft Sara: „Schummlerin! Du bist gemein! Du blöde Kuh kannst dein dämliches Puzzle alleine machen."

Stufe 4:
unkontrollierte, nicht zielgerichtete Äußerung von Wut (Schimpftiraden, Herumschreien)
Mario schreit Sara zwar an, jedoch nicht mit so zerstörerischen und negativen Aussagen wie auf Stufe 3. Vielleicht rennt er aus dem Zimmer und ruft: „Das sage ich ...!"

Stufe 5:
Emotionsgeladene Darstellung der Situation (Man macht seinem Ärger in Worten Luft)
Auch hier macht sich Mario mit Worten Luft, aber er kann seinen Ärger gezielt ausdrücken: „Du machst mich so wütend! Du hast das Teil die ganze Zeit versteckt, nur um mich zu ärgern!"

Stufe 6:
Angemessene, sinnvolle Reaktion auf den Auslöser des Zorns (Gefühle werden angemessen ausgedrückt – „Ich bin wütend, weil ...")
Die Wut wird im Vergleich zu Stufe 5 mit einem größeren Maß an Selbstbeherrschung ausgesprochen. Mario sagt zum Beispiel: „Ich bin sauer, weil du das Puzzleteil, nach dem ich gesucht habe, versteckt hast. Es macht mir keinen Spaß, mit dir zu spielen, wenn du mich so auszutricksen versuchst!"

Wenn Ihr Kind irgendwann auf Stufe 5 oder 6 reagiert, dürfen Sie gerne einen Freudentanz aufführen. Aber das primäre Ziel dieses Modells ist, Ihrem Kind zu helfen, seine Wut angemessener auszudrücken – und da ist ein Sprung von Stufe 2 auf Stufe 3 schon ein ungeheurer Fortschritt!

Zorn und Wut entschärfen

Wut ist eine sekundäre Emotion, keine primäre. In der Regel ist sie eine Reaktion auf Angst oder auf Frustration. Es ist deshalb wichtig, dass wir unseren Kindern vermitteln, wie sie ihre Wut durchschauen und die Ursache erkennen können. Was macht dir Angst? Worüber bist du enttäuscht? Betrachten Sie die folgenden Beispielsituationen:

Szenario 1: Damaris ist als Babysitter bei Familie Schwarz. Sie passt nachmittags auf den zweijährigen Janik auf, während Frau Schwarz Besorgungen macht. Wenn Janik aus seinem Mittagsschlaf aufwacht und statt seiner Mutter Damaris sieht, fängt er an zu brüllen und zu treten und rennt vor Damaris davon. Warum ist Janik wohl so wütend auf Damaris? Sie hat ihm nichts getan. Doch weil seine Eltern mitten in der Scheidung stecken und weil seine Mutter nicht da ist, lässt er seine Enttäuschung und Wut an Damaris aus.

Szenario 2: Ingrid hat mit ihren vier Kindern die Einkäufe erledigt. Auf dem Heimweg entschließen sie sich, noch bei McDonalds vorbeizufahren. Der achtjährige Marcel hat sich aber in den Kopf gesetzt, dass er eine Pizza haben will und beginnt zu protestieren. Ehe Ingrid es voraussehen kann, öffnet er an einer Ampel die Autotür und steigt aus.
Ingrid weiß nicht, wie sie sich verhalten soll. Sie kann die jüngeren Kinder nicht allein im Auto lassen. Sie will sich nicht von Marcel unter Druck setzen lassen, aber sie macht sich Sorgen – es ist eine belebte Verkehrsstraße. Marcels Verhalten kam völlig überraschend, sie konnte es nicht verhindern. Ingrid wartet mit den Kindern im Auto, und nach einer Viertelstunde kommt Marcel zurück.
Ingrid beschließt, dass das Mittagessen zu Hause stattfindet. Sie geht zunächst nicht auf Marcels Verhalten ein, sondern wird sich

später mit ihm unterhalten, wenn er sich beruhigt hat. So sagt sie nur: „Ich bin froh, dass dir nichts passiert ist." Sie ist sich darüber im Klaren, dass es seinen Zorn nur anheizen würde, wenn sie versucht, jetzt mit ihm über sein Verhalten zu reden. Über die Konsequenzen kann man auch später noch nachdenken.
Wie könnte Ingrid ihrem Sohn helfen, zu verstehen, was hinter seinem Wutausbruch steckt?

Szenario 3: Dagmars vierzehnjährige Tochter Janine hat sich schon wochenlang auf den Abschlussball des Tanzkurses gefreut und über nichts anderes mehr gesprochen. Dagmar hat sie bei den Vorbereitungen unterstützt und geduldig gewartet, bis sie sich unter Dutzenden von Kleidern, Schuhen und sonstigen Accessoires ihr Outfit herausgesucht hat. Janine spricht ständig davon, was für ein cooler Typ dieser Sven ist, mit dem sie zum Abschlussball gehen will.
Doch vier Tage vor dem großen Ereignis kommt Janine schluchzend nach Hause. Völlig aufgelöst klagt sie: „Sven ist ein richtiger Idiot. Ich wollte sowieso nie mit ihm auf den Abschlussball gehen. Der kann mich mal!"

Sven hat Janine abgesagt und nun ist sie wütend. Welche Ursache steckt hinter Janines Zorn? Sie fühlt sich abgelehnt, weil Sven nicht mit ihr zum Ball gehen will. Sie hat das Gefühl, die Kontrolle zu verlieren, weil Sven sich nicht an das hält, was er und Janine vereinbart hatten. Vielleicht ist sie außerdem verunsichert, weil sie nicht weiß, ob sie so schnell einen Ersatzpartner finden kann. Ihre primären Gefühle, die sie so wütend machen, sind Enttäuschung, Verlust der Kontrolle und Verunsicherung.

Was könnte Dagmar tun, damit Janine ihre Wut abreagieren kann? Zunächst muss sich Janines Erregung ein wenig gelegt haben, denn solange sie so emotional und wütend reagiert, kann sie kaum logisch über die Sache nachdenken. Dagmar könnte ihrer Tochter helfen sich zu beruhigen, indem sie Janines Wut in Worte fasst: „Du bist ganz schön wütend. Das ist aber auch ein Hammer."

Später, wenn Janine sich beruhigt hat und emotional wieder gefasster ist, könnte Dagmar ihr Mut machen, nach den Ursachen ihrer Wut zu fragen. An diesem Punkt wäre Janine vermutlich für etwas Hilfe dankbar.

Vergessen Sie als Eltern nie, dass die Wut eine sekundäre Empfindung ist. Sie können Ihr temperamentvolles Kind bei der Bewältigung seiner Wut unterstützen, indem Sie ihm helfen, die Emotionen herauszufiltern, die seine Wut auslösen, und ihm zeigen, wie es mit diesen Gefühlen umgehen kann.

Den Zorn abreagieren

Helfen Sie Ihrem Kind, seinen Zorn wahrzunehmen und abzureagieren, bevor er sich aufstaut und den kritischen Punkt erreicht. Im Fall von Marcel wusste Ingrid z.B., dass Marcel hungrig war und sowieso mit dem Essen wählerisch. Evtl. hätte sie das bei ihrer Entscheidung berücksichtigen müssen.

Vielleicht sagen Sie, man könne schließlich nicht alles vorhersehen. Und schließlich müsse ein Kind auch einmal gehorchen, ohne langwierige Debatten.

> *Helfen Sie Ihrem Kind, seinen Zorn wahrzunehmen und abzureagieren, bevor er sich aufstaut und den kritischen Punkt erreicht.*

Vielleicht haben Sie Recht. Aber unsere Erfahrung hat gezeigt, dass es im Umgang mit willensstarken Kindern wichtiger und wirkungsvoller ist, die kritischen Situationen vorherzusehen und zu entschärfen, als von einem Kind Gehorsam zu erwarten in einer Situation, in der es bereits seine emotionale Grenze überschritten hat und sich darin verrennt, seinen Kopf durchzusetzen. So etwas führt fast immer zu Reaktionen, die alle Beteiligten bereuen. Es ist besser, über die Situation zu sprechen, wenn Ihr Kind seinen Machtrausch überwunden hat.

Versuchen Sie also herauszufinden, bei welchen Gelegenheiten Ihr Kind in der Regel explodiert. Vielleicht entdecken Sie, dass es immer mittwochs und freitags zu explosiven Situationen kommt, und dass an diesen Tagen der Terminkalender für Ihr Kind zu voll ist. Es ist dann nicht schwer, die Wiederholung solcher Auseinandersetzungen zu verhindern: Streichen Sie etwas aus dem Plan, und sorgen Sie dafür, dass Ihr Kind genug Ruhe und Entspannung bekommt.

Mit einem älteren Kind können Sie – in einem ausgeglichenen Moment – reden und ihm zeigen, wie es selbst die Warnsignale erkennen kann, bevor es die Selbstbeherrschung verliert. Solche Zeichen können geballte Fäuste oder eine schrillere Stimme sein. Überlegen Sie gemeinsam mit Ihrem Kind, mit welchen Aktivitäten es sich abreagieren kann, sobald es diese Warnzeichen bemerkt. Vielleicht hilft es ihm, eine Runde zu joggen oder auf dem Fußballplatz zu bolzen. Vielleicht entdeckt Ihr Kind auch einen ruhigen Platz, an den es sich zum Nachdenken und Aufschreiben seiner Emotionen zurückziehen kann – vielleicht unter seinem Lieblingsbaum im Garten.

Eine Mutter schrieb in einer unserer Elternbefragungen: „Mein Sohn hat ein ständiges Problem mit seinem älteren Bruder. Andere haben vielleicht Probleme mit einem Übermaß an Anregungen, zu vielen Spielkameraden oder zu wenig Ruhephasen. Es ist entscheidend, herauszufinden, was genau für unser Kind der Anlass für Ärger und Zorn ist."

Nachdem Ihr Kind sich beruhigt hat, sollten Sie sich zusammensetzen und über die Sache reden. Wenn der Konflikt Sie selbst betrifft, brauchen sicher auch Sie eine „Auszeit", um sich wieder zu fassen.

Ihr Kind braucht einen geschützten Raum

Denken Sie daran, dass wütende Kinder einen Platz brauchen, an den sie sich ungestört zurückziehen können. Da sind auch verschlossene Türen kein Fehler. Wir haben es lange Zeit persönlich genommen, wenn einer unserer Jungs sich in sein Zimmer verkrochen und die Tür verbarrikadiert hat – wir fühlten uns ausgeschlossen. Doch wir alle brauchen ab und zu unsere Ruhe – und unseren Kindern geht es nicht anders.

Die Tochter einer Freundin ging immer nach draußen und setzte sich in die Hundehütte, wenn sie Abstand brauchte. Musik kann für manche Kinder ein gutes Mittel sein, sich abzureagieren. Eine Fami-

---

Musik ist für manche Kinder ein gutes Mittel, Ärger ab- zureagieren.

---

lie berichtet, dass ihr anstrengender Teenie in aufgewühlter Stimmung nicht nur regelmäßig das Klavier bearbeitete, sondern auch Songs komponierte, in denen er seine Erlebnisse und Gefühle verarbeitete. In einem Lied gibt er den dringenden Rat: „Lasst mir mei' Ruh', denn sonst platz' ich vielleicht und weiß nicht, was ich tu'!"

Auch kleine Kinder reagieren vielleicht auf eine Kassette mit Kinderliedern. Andere brauchen sportliche Betätigung, sei es nun eine Runde Joggen, Sandsackboxen, eine Spritztour mit dem Rad oder einfach ein Spaziergang.

Darüber reden

Wir haben in unserer Familie Konflikte auch dadurch gelöst, dass wir uns mit dem betreffenden Kind (oder dem Ehepartner) zu- sammengesetzt haben, um über die Probleme zu reden und eine Lösung zu finden. So etwas sollte im Idealfall innerhalb von 24 Stunden nach einer Auseinandersetzung geschehen. Wenn man den Gesprächszeitpunkt im Voraus vereinbart, haben alle Beteiligten Zeit, für sich über die Sache nachzudenken, bevor man ge- meinsam an einer Problemlösung arbeitet.

Bemühen Sie sich gerade in Konfliktgesprächen um ein offenes Gesprächsklima. Nehmen Sie Zornesausbrüche nicht tragisch.

Vielleicht helfen auch Ihnen die vier Schritte, die wir nach Konfliktsituationen bei unseren Gesprächen durchgegangen sind:

1. das Problem beschreiben und festhalten, in welcher Weise jeder der Beteiligten zu der Konfliktsituation beigetragen hat
2. mögliche Lösungswege aufschreiben (zunächst als „Brain- storming" ohne jede Bewertung)
3. sich auf einen Aktionsplan einigen und festlegen
4. den vereinbarten Lösungsweg ausprobieren; falls er versagt, einen neuen Aktionsplan festlegen.

Wenn Sie Ihrem Kind helfen wollen, seinen Zorn zu verarbeiten und gleichzeitig die Beziehung zu Ihrem Kind verbessern wollen, sollten Sie unbedingt für ein offenes Gesprächsklima sorgen und bereit sein, sich der Wut Ihres Kindes zu stellen. Das wird nicht immer leicht sein. Aber es ist nicht unmöglich, wie die Erfahrung zahlreicher Eltern vor Ihnen beweist. Dazu sollen Ihnen auch die folgenden zwei Hinweise helfen.

Jeden Morgen neu anfangen

Carolin ist an ihrer vierzehnjährigen Tochter beinahe verzweifelt. Wir fragten sie, wie sie mit den vielen verletzenden Worten zurechtkäme, die ihre Tochter ihr ständig an den Kopf wirft. Carolins Antwort: „Ich mache mir klar, dass es in dieser Situation darauf ankommt, dass ich mich wie ein erwachsener Mensch benehme. Meine Tochter hat Probleme mit dem Erwachsenwerden. Das fällt ihr wirklich schwer – und ich will sie in dieser problematischen Phase lieben, unterstützen und ihr wenn möglich den steinigen Weg der Pubertät ein klein wenig ebnen. Darum beginne ich jeden Morgen mit einem bereinigten Beziehungskonto. Alles, was mich am Tag zuvor verletzt hat, wische ich weg. Sie hat es schwer genug. Da muss ich ihr nicht noch die Altlasten vom Vortag aufladen. Diese Entscheidung, meiner Tochter eine neue Chance zu geben, hilft mir, sie jeden Tag neu zu lieben und anzunehmen."

Vielleicht geht es Ihnen ähnlich wie Carolin. Sie tragen diese Altlasten mit sich herum – kleine Bemerkungen, verletzende Äußerungen, die sie loslassen müssen. Geben Sie Ihrem Kind eine neue Chance. Vergeben Sie Ihrem Kind und schenken Sie ihm jeden Tag neu Ihre Liebe und Annahme. Das gibt Ihnen die Kraft, dranzubleiben und Ihr Kind auf seinem Weg zu Eigenverantwortung und Reife zu unterstützen.

Das Gebet als Kraftquelle

Vergessen Sie nicht, welche Kraft im Gebet steckt. In den Jahren, in denen unsere Jungs heranwuchsen, führten wir für jeden von ihnen ein Gebetstagebuch. Wir gaben unsere Sorgen im Gebet an Gott weiter und entdeckten, dass wir daraufhin viel weniger an unseren Kindern herummeckerten. Wir hatten die Schwierigkeiten in Gottes Hand gelegt und mussten uns keine Sorgen mehr darüber machen. Wenn wir erlebten, dass Gott unser Gebet für unsere Söhne erhörte, schrieben wir auch das in unsere Gebetstagebücher. Und heute können wir auf diese Jahre zurückblicken und uns bewusst machen, wie gut Gott zu uns war.

Die Zeit, in der Sie Ihr Kind prägen und erziehen können, ist begrenzt.

Vergessen Sie nie, dass die Jahre begrenzt sind, in denen Sie Ihr Kind aktiv erziehen müssen. Sie werden diese Zeit durchstehen – selbst wenn Sie ein sehr willensstarkes Kind haben – und dann können Sie sich auf die zukünftigen Jahre freuen, in denen Sie und Ihre erwachsenen Kinder in einer guten Beziehung zueinander verbunden bleiben. Wir wissen, wovon wir reden. Wir sind nämlich inzwischen in diesem Stadium angekommen. Und es ist sehr schön.

Gute Gewohnheiten für die Zukunft entwickeln

Das Stufenmodell für den Umgang mit Zorn einsetzen

Sie können das Modell mit Ihrem Kind durchsprechen, sobald es alt genug ist. Anlass dafür kann der letzte Zornausbruch sein, und sie können anhand dieses Modells gemeinsam nach anderen Verhaltensmöglichkeiten suchen. Ihr Kind kann selbst überlegen, welche Stufe es sich zum Ziel setzt.

Auch wenn Ihr Kind für ein solches Gespräch noch nicht alt genug ist, können Sie sich als Eltern daran orientieren und Ihrem

Kind vielleicht Vorschläge machen, wie es sich das nächste Mal in einer solchen Situation verhalten kann.

Gefühle wahrnehmen und ausdrücken.
Reaktivieren Sie die Übung: Gefühle ausdrücken (s. Kapitel 4, S. 75, 86 f.).

Familiengespräch
Sie können an einem Familienabend oder bei einer anderen Gelegenheit einmal die folgenden Fragen diskutieren:

1. Was frustriert und enttäuscht mich?

2. Was macht mir Angst?

Durchschauen Sie Ihren eigenen Zornmechanismus

Auch hierfür ist es hilfreich, eine Art Zorn-Protokoll zu führen:

- Was machte mich zornig?
- Welche Gefühle schwangen dabei noch mit?
- Wie habe ich mich verhalten?
- Wie hätte ich mich gern verhalten?
- Wie will ich mich beim nächsten Mal verhalten?

Was die Bibel empfiehlt

„Seid immer sofort bereit, jemandem zuzuhören; aber überlegt genau, bevor ihr selbst redet. Und hütet euch vor unkontrolliertem Zorn!" Diese Empfehlung findet sich im Jakobusbrief (1,19).

Reden Sie in Ihrer Familie darüber, was das für Ihren Alltag bedeuten kann.

Alternativen zu körperlicher Aggression

Temperamentvolle Kinder mit einem intensiven Zornpozential finden häufig kein anderes Ventil dafür als körperliche Gewalt: Treten, schlagen, boxen ... Jean Illsley Clarke bietet die folgenden Möglichkeiten an, Wut auf unschädliche Weise „herauszulassen":

- Mich fragen, was ich im Moment brauche oder will.
- Nach draußen gehen und auf den Basketball einschlagen.
- Sandsack-Boxen.
- Laut und wütend bis zehn zählen (wenn das nicht reicht, auch bis zwanzig, dreißig oder ...?)
- Einen „Ich-bin-wütend"-Tanz aufführen.
- Steine in einen See oder Fluss werfen.
- Unkraut ausreißen. (Aber wirklich nur Unkraut!)
- Eine Papiertüte aufblasen und zerplatzen.
- Alte Zeitungen zerreißen.
- Mich entscheiden, nachzudenken: Wie kann ich die Situation, die mich zornig macht, verändern?

Vereinbarungen treffen

Sie können z.B. in Ihrer Familie Folgendes vereinbaren:

- Wenn ich ärgerlich oder wütend werde, sage ich das den anderen.

- Ich greife niemanden an oder lasse meine Wut an anderen aus.
- Ich kann jeden in der Familie um Hilfe bitten, wenn ich nicht weiß, wie ich meine Wut loswerden oder ein Problem lösen soll.

Variieren Sie diese Vereinbarung je nach Situation in Ihrer Familie.

Familienmotto

Bewusst formulierte Familienmottos schaffen ein starkes Gefühl von Zugehörigkeit. Ein solches Motto kann z.B. lauten:

„In unserer Familie unterstützen wir uns gegenseitig. Leute, die uns herunterziehen wollen, gibt es schon genug."

Oder: „In unserer Familie greifen wir Probleme an, nicht die anderen."

Formulieren Sie Ihr eigenes Familienmotto zum Umgang mit negativen Emotionen.

8

Botschaft Sieben:
Gib mir Gelegenheit,
Verantwortung zu lernen!

„Wenn ich meinem Sohn die Möglichkeit gebe, selbst über Dinge zu entscheiden – zum Beispiel, was er anziehen oder was er essen will –, gebe ich ihm das Gefühl, sein eigener Herr zu sein und Entscheidungen treffen zu können.“

Kapitel 8

Ich (Claudia) stand im Zentrum der gesamten Operation. Meine Aufgabe war äußerst kompliziert, erforderte viele Überstunden und ein höchst sensibles Beziehungsgeflecht stand auf dem Spiel. Denn ich war – der Duschkoordinator!

Wir hatten vier Jahre in Österreich gelebt und waren gerade zurück in die Staaten gezogen. Wir freuten uns, nun wieder mehr als ein Badezimmer im Haus zu haben. Nun würde morgens wieder alles einfacher. Bei uns wollten nämlich immer alle morgens duschen – keiner abends! Okay – wo ist das Problem?

Das Problem waren nicht die Duschen. Wir besaßen drei davon. Das Problem war unser Boiler. Davon hatten wir nämlich nur einen. Und so kam ich zu dem Job des Duschkoordinators. Jeder von uns Arps hatte nur ein paar Minuten unter der Dusche – denn sonst kam kein warmes Wasser mehr. (Zu dumm – in Österreich hatten wir einen Wassererhitzer gehabt, der ständig Warmwasser produzierte. Aber dann hätte ich auch nicht den verantwortungsvollen Posten des Duschkoordinators bekommen.)

Und wie bin ich an diesen Job geraten? Ich wollte helfen, die morgendlichen Spannungen etwas zu vermindern und zugleich jeden rechtzeitig auf den Weg bringen. Also begannen pünktlich jeden Abend die Verhandlungen für den nächsten Morgen. Wer musste länger aufbleiben, um noch zu lernen? Wer sollte als Erster aufstehen? Wer war gerade erkältet? Es gab in dieser Rechnung so viele Variablen, und ich musste sie alle koordinieren!

Ob es funktioniert hat? Dreimal dürfen Sie raten! An einem typischen Wintermorgen hatte Sohn Nummer 1, der als Erster unter der Dusche sein sollte, verschlafen. Sohn Nummer 2 ließ das Wasser zu lange laufen, sodass Sohn Nummer 3 halb erfroren am Frühstückstisch saß und jeden von uns wissen ließ, wie sauer er darüber war. Natürlich fiel es unserem temperamentvollsten Sohn am schwersten, mit den Duschmissständen klarzukommen. Er wollte am liebsten lange schlafen, lange duschen und außerdem noch jede Menge Warmwasser zur Verfügung haben – und das alles nur für sich. Seine Brüder konnten ja gefälligst abends duschen!

Schließlich schauten mein Mann und ich uns an, und Dave fragte: „Warum machst du das eigentlich? Die Jungs sind doch keine Kleinkinder mehr. Sie gehen zur Schule und sind alt genug, die Sache mit

Gib mir Gelegenheit, Verantwortung zu lernen!

Botschaft Sieben:

der Dusche unter sich auszumachen." *In dem Punkt waren wir uns einig. Wer sollte schließlich später ihre Duschzeiten koordinieren, wenn sie aufs College gingen oder ihre eigene Familie hatten? Wer musste denn hier eigenverantwortliches Handeln lernen – Claudia oder die Jungs?*

Vielleicht sind Sie nicht gerade der Duschkoordinator Ihrer Familie, und doch erleben Sie, wie Sie die Aufgaben anderer erledigen. Vielleicht machen Sie für Ihre Tochter die Hausaufgaben oder erinnern Ihren Sohn Abend für Abend daran, die Zähne zu putzen oder ... oder ... Wer besitzt genügend Selbstdisziplin, seine Angelegenheiten zu regeln, und wer muss das erst noch lernen? Bei uns jedenfalls hatte Claudia die Lösung der Duschfrage übernommen – aber das sollte sich ändern.

Wie lösten wir das Problem? Wir kauften drei Wecker, und Claudia trat mit den folgenden, geschichtsträchtigen Worten von ihrem Amt als Duschkoordinator zurück: „Jungs, jetzt seid ihr an der Reihe, das Problem in den Griff zu kriegen!" Und haben sie es in den Griff gekriegt? Na ja, es gab noch den einen oder anderen Streit – aber heute sind sie erwachsen, verheiratet, haben selbst Kinder und soweit wir wissen, koordinieren sie die Benutzung ihrer Dusche selbst.

Die Herausforderung verstehen

Hoch qualifiziert, aber arbeitslos

Das Problem beim Elterndasein ist, dass wir gerade dann unseren Job verlieren, wenn wir endlich sämtliche Qualifikationen für diese Aufgabe erworben haben. Manchmal gehen wir so sehr im Alltagsgeschäft unter, dass wir gar nicht merken, wie sich unsere Erziehungsaufgabe dem Ende zuneigt, weil die Kinder erwachsen sind. Wie können wir sicherstellen, dass unsere temperamentvollen Kinder alles Nötige gelernt haben, bevor sie das Nest verlassen? Vielleicht würde es uns helfen, das Ende im Blick zu haben. Was

Das Problem mit dem Elterndasein ist: Wenn wir endlich sämtliche Fähigkeiten erworben haben, die wir für diesen Job brauchen, verlieren wir ihn.

sollte Ihr Kind wissen, wenn es mit etwa achtzehn Jahren mit Sack und Pack auszieht? Wird es in der Lage sein, als reifer Mensch in der Erwachsenenwelt zu bestehen? Wird es sich selbst um seine Kleidung oder sein Bankkonto kümmern können und wird es mit anderen Menschen zurechtkommen?

Unser Job als Eltern besteht eigentlich darin, uns als Erzieher überflüssig zu machen und stattdessen zu einer lebenslangen Vertrauensbeziehung zu unseren Kindern zu finden. Jerry und Mary White haben sich für ihre Kinder das folgende Ziel gesetzt:

- „Unser Ziel für unsere Söhne und Töchter soll sein, dass sie zu reifen, unabhängigen und eigenständig glaubenden Menschen heranwachsen,
- die ihr Leben auf solide Grundsätze bauen,
- die emotional und geistlich belastbar sind,
- die sich für ihre Mitmenschen verantwortlich fühlen,
- die den guten und den schlechten Zeiten mit Besonnenheit und Beharrlichkeit standhalten
- und die, falls sie heiraten, zu kompetenten und zuverlässigen Ehepartnern und Eltern werden."[1]

Nehmen Sie sich bewusst Zeit, in der Sie einmal Abstand von den täglichen Anforderungen gewinnen und sich über Ihre Ziele für Ihre Kinder klar werden. Welche Eigenschaften und Haltungen möchte ich gern in meinem eigenen Leben verkörpern? Welche möchte ich in meinen Kindern fördern? Eine neuere Untersuchung führt auf, welche Eigenschaften sich Eltern für ihre Kinder am häufigsten wünschen:

Mitgefühl für andere	Wertbewusstsein
Selbstvertrauen	Ehrlichkeit
Rücksichtnahme	moralische Überzeugungen
Kreativität	Verantwortungsbewusstsein
Empathie	Spiritualität

Botschaft Sieben: Gib mir Gelegenheit, Verantwortung zu lernen!

- Benennen Sie die Werte, die Sie gern in Ihren Kindern entwickeln möchten.
- Wie können sich diese Eigenschaften und Grundhaltungen im jetzigen Alter Ihrer Kinder konkretisieren?
- Was tun Sie zur Zeit, um diese Eigenschaften in Ihren Kindern zu fördern?
- Leben Sie selbst etwas davon vor?
- Wie unterstützen Sie entsprechendes Verhalten bei Ihren Kindern?

Als Eltern sind wir ständig in Gefahr, einfach das zu tun, was das schnellste Ergebnis bringt, statt die langfristigen Auswirkungen unseres Handelns im Blick zu haben. Wenn es Ihnen schwer fällt, einen Wertekatalog aufzustellen, können Sie vielleicht aus den folgenden Bibelstellen einige Anregungen erhalten: Galater 5,1; 1. Korinther 13 und 2. Petrus 1.

Wir können als Eltern zwar nicht kontrollieren, was aus unseren Kindern einmal wird, aber wir können sie positiv beeinflussen. Begeben Sie sich doch einmal auf eine Reise in die Zukunft. Stellen Sie sich Ihre Kinder als Erwachsene vor – auch ihr schwieriges und anstrengendes Kind. Welche Beziehung hätten Sie gern zu Ihren erwachsenen Kindern? Stellen Sie sich gerade eine Zukunft mit viel Lachen und Spaß vor? Können Sie sich vorstellen, wie schön es sein wird, sich an Ihren Kindern zu freuen, ohne die Verantwortung für ihre Erziehung im Nacken zu spüren?

Sie haben es als Eltern zwar nicht in der Hand, was aus Ihren Kindern einmal wird – aber unterschätzen Sie Ihren Einfluss nicht.

Erst kürzlich traf sich der gesamte Arp-Clan in unserem Haus. Mit allen Schwiegertöchtern und Enkeln waren wir bereits 15 Personen! Wir haben viel gelacht und uns aneinander gefreut, aber Sie können uns glauben – als Eltern hat man an diesem Punkt keinerlei Kontrolle mehr über das Leben der Kinder. Dann zählt die Beziehung – diese Beziehung ist Ihre Verbindung zur Zukunft Ihrer Kinder und Enkelkinder. Jemand hat gesagt, Großeltern und Enkelkinder verstehen sich deshalb so gut, weil sie einen gemeinsamen Feind haben! Sicher, ohne

Kämpfe geht es zwischen Eltern und Kindern nicht ab, aber deswegen muss die Beziehung nicht zur Feindschaft werden. Bauen Sie
deshalb eine Beziehung zu Ihren Kindern auf, solange sie noch klein
sind. Und helfen Sie ihnen, Verantwortung zu übernehmen.

Die Gegenwart gestalten

Was mein Kind lernen muss

Nehmen Sie sich ein paar Minuten Zeit, um zu überlegen, was Ihr
Kind gelernt haben sollte, wenn es aus dem Haus geht. Teilen Sie
die Dinge, die Ihnen eingefallen sind, auf verschiedene Altersgruppen auf.

Was mein Kind in welchem Alter können sollte:

Mit zwei Jahren:

Wenn es in den Kindergarten kommt:

Beim Schulanfang:

Am Ende der Grundschulzeit:

Mit zwölf Jahren:

Mit sechzehn Jahren:

Wenn mein Kind aus dem Haus geht ...

Lohnt sich dieser Aufwand, den Kindern Verantwortungsbewusstsein beizubringen und sie an regelmäßige Aufgaben innerhalb der Familie zu gewöhnen? Untersuchungen haben gezeigt, dass Kinder, die zu Hause gelernt haben, Verantwortung zu übernehmen, ein stärkeres Selbstbewusstsein und ein effizienteres Arbeitsverhalten im Beruf entwickeln. Eine Studie der Harvard Medical School hat gezeigt, dass Menschen, die als Kinder mithelfen mussten – und seien es noch so kleine Aufgaben gewesen –, als Erwachsene ein glücklicheres und produktiveres Leben führen als die, die nichts tun mussten. Sie waren mit einer geringeren Wahrscheinlichkeit arbeitslos, wurden in der Regel besser bezahlt und hatten eher freundschaftliche Beziehungen zu anderen.

Kinder, die es schrittweise lernen, Verantwortung zu übernehmen, entwickeln mehr Selbstvertrauen und ein effektiveres Arbeitsverhalten.

Der Schuldirektor Gene Bedley, Vater von drei Kindern, schreibt: „Was Kindern wirklich hilft, ist, dass wir Ihnen zeigen, wie sie auf die Welt reagieren können. Man könnte das Wort „Verantwortung" auch als die Fähigkeit definieren, in angemessener Weise auf Anforderungen von außen zu reagieren. Kinder zu Verantwortlichkeit aufzufordern bedeutet, ihnen einen Blick für Ursache und Wirkung zu vermitteln. Unterm Strich bedeutet Verantwortung: Ich gelange irgendwann an den Punkt, wo ich für das einstehe, was ich tue."[2]

Was können Sie erwarten?

Warum sollten Sie also nicht etwas von der unbegrenzten Energie Ihres Kindes kanalisieren und ihm gleichzeitig ein gewisses Maß an Verantwortungsbewusstsein beibringen? Dabei stellt sich allerdings die Frage, was ich vernünftigerweise in den verschiedenen Kindheitsphasen erwarten darf. Die folgende Aufstellung gibt hierfür einige Anhaltspunkte. Allerdings lassen sich gerade willensstarke Kinder oft nicht an den gewöhnlichen Standards messen. Beobachten Sie Ihr Kind und nehmen Sie es schon im Kleinkindalter ernst, indem Sie auf seine „Hilfsangebote" eingehen und es viele Dinge unter Anleitung ausprobieren lassen.

2 – 4 Jahre
1. Spielzeug aufräumen
2. einfache Entscheidungen treffen (Welches Buch soll ich dir vorlesen? Möchtest du heute mit Frederick spielen oder mit Jan? Möchtest du Honig oder Käse auf dein Brot?)
3. bis zum Ende dieser Zeit weitgehend selbstständig Zähne putzen, Hände und Gesicht waschen

4 – 5 Jahre
1. beim Tischdecken helfen
2. beim Aufräumen von Lebensmitteleinkäufen helfen
3. umgeschüttete Getränke oder Essen (mit Hilfe) beseitigen
4. sich allein anziehen

5 – 6 Jahre
1. bei Essensplanung und Einkauf helfen
2. ein Butterbrot oder ein einfaches Frühstück selbst vorbereiten und anschließend aufräumen
3. Müll in den dafür vorgesehenen Behälter bringen
4. Haustiere nach Aufforderung füttern

Schulanfänger

1. Kleidung selbst auswählen
2. Pflanzen gießen
3. einfache Mahlzeiten (mit Hilfe) zubereiten
4. Blätter zusammenrechen und Unkraut jäten
5. kleine Einkäufe erledigen
6. das eigene Bett machen

Zweite Klasse

1. eigenes Fahrrad in Schuss halten (Grundpflege)
2. telefonische Nachrichten entgegennehmen und weiterleiten
3. Rasen sprengen
4. Hund waschen

Dritte Klasse

1. Servietten falten, Besteck ordentlich auf den Tisch decken
2. Schränke und Schubladen in Ordnung halten
3. mit Hilfe der Eltern Kleidung aussuchen und einkaufen
4. nach Rezept einfache Mahlzeiten zubereiten oder backen
5. das eigene Zimmer aufräumen und sauber machen
6. eigene Post schreiben und beantworten
7. für kürzere Zeit allein zu Hause sein
8. über kleinere Geldbeträge (bis zu 10,- Euro) verfügen

Vierte Klasse

1. ein einfaches Essen nach Rezept zubereiten
2. Spielkameraden bewirten
3. Waschbecken putzen
4. eigene Wäsche zusammenlegen

Fünfte Klasse

1. allein mit Stadtbus, U-Bahn oder S-Bahn fahren
2. ein eigenes Hobby pflegen
3. Spülmaschine ein- und ausräumen
4. Mitgliedschaft in Vereinen und Übernahme kleinerer Aufgaben

Sechste Klasse

1. jüngere Geschwister an- oder ausziehen oder ins Bett bringen
2. Rasen mähen (unter Aufsicht)
3. die Erledigung der Hausaufgaben und die Zeiten zum Lernen selbst einteilen
4. Waschmaschine und Trockner bedienen
5. das eigene Zimmer sauber machen

Ohne Motivation läuft nichts

Sie können Ihr willensstarkes Kind aber nicht allein dadurch zum Mithelfen motivieren, dass Sie wissen, welche Pflichten seinem Alter entsprechen. Wie können Sie Ihr Kind motivieren? Wir entdeckten, dass wir als Eltern einen Blick für die Fortschritte unserer Kinder bekommen mussten. Oftmals sieht man nur, was die Kinder alles noch nicht können. Wenn Sie Ihr Kind also bei einer verantwortlichen, eigenständigen „Tat" ertappen, vergessen Sie nicht, das auch lobend zu erwähnen. Ein Lob bewirkt oft mehr als zehn Ermahnungen.

Entwickeln Sie einen Blick für die Fortschritte Ihres Kindes.

Sie können sich jede Anerkennung als einen Schritt hin zu dem zu erreichenden Ziel vorstellen. Eine Weise der Anerkennung kann es sein, Punkte zu verteilen. Für jede selbstständig erledigte Aufgabe gibt es einen Punkt. Wenn am Ende der Woche (bei älteren Kindern am Ende des Monats) eine bestimmte Punktzahl erreicht ist, gibt es einen (vorher gemeinsam ausgesuchten) Preis.

Gerade wenn Sie mit einem solchen „Belohnungssystem" arbeiten, brauchen Sie Fingerspitzengefühl. Der Grat zwischen einer motivierenden Anerkennung (über die sich jedes Kind freut) und einer „Bezahlung" (auf die man irgendwann Anspruch erhebt) ist schmal. Schließlich sollen unsere Kinder ja nicht darin bestärkt werden, auf jede Bitte mit der Gegenfrage zu antworten: „Und was bringt mir das? Und was kriege ich dafür?"

Gute Dienste können kleine materielle oder immaterielle Belohnungen (z.B. eine Radtour oder ein Schwimmbadbesuch) besonders da leisten, wo es gilt, ein besonders konfliktträchtiges Thema zu bearbeiten: So ließ z.b. die zehnjährige Tochter von Bekannten trotz regelmäßiger Bitten und Ermahnungen seitens der Mutter ständig Kleidungsstücke, Spiel- und Schulsachen in der ganzen Wohnung verstreut herumliegen. Hier war das Vergeben von Punkten ein hilfreicher Anreiz, um die nötige Umsicht und Disziplin zu trainieren. An jedem Abend, an dem keine privaten Dinge der Tochter mehr in der Wohnung herumlagen, gab es einen Punkt. Das Ziel bestand darin, innerhalb eines Monats 25 Punkte zu erreichen. Dieser Sieg wurde mit einem gemeinsamen Stadtbummel, den das Mädchen sich gewünscht hatte, gefeiert.

Wenn Sie mit einem „Belohnungssystem" arbeiten, brauchen Sie Fingerspitzengefühl.

Andere motivierende Faktoren für die Erledigung bestimmter Aufgaben sind es, die Kinder ab und zu zwischen verschiedenen Tätigkeiten wählen zu lassen und es ihnen nach Möglichkeit auch zuzugestehen, bei der Umsetzung ihre Kreativität mit einfließen zu lassen (z.B. beim Tischdecken über die Dekoration zu bestimmen). Manchmal ist es auch angebracht, Aufgaben bewusst als Gemeinschaftsprojekte anzugehen, bei denen neben der Möglichkeit der gezielten Anleitung und Ermutigung dann auch der Spaß nicht zu kurz kommt. So kann man eine Familienputzkolonne bilden oder miteinander das Erdbeerfeld abernten und danach ein großes Marmeladekochen und Erdbeermilchtrinken veranstalten.

Erstellen Sie eine „Was ich schon kann"-Liste

Listen helfen den Kindern zu wissen, was von ihnen erwartet wird, und den Eltern zu erkennen, was erledigt wurde. Das Geheimnis erfolgreicher Aufgabenlisten beruht darin, sie regelmäßig abzuwandeln. Denken Sie doch einmal nach, welche Listen Sie benutzen könnten: für wöchentliche Pflichten, für einmalige Aufgaben oder auch als morgendliche Checkliste. Eine solche Checkliste könnte zum Beispiel so aussehen:

Guten-Morgen-Checkliste für Mara

Bevor ich heute in die Schule gehe, werde ich:
____ rechtzeitig aufstehen,
____ mich anziehen,
____ mein Bett machen,
____ frühstücken,
____ Zähne putzen,

Auch für ein Vorschulkind können Sie eine solche Liste mit Bildern zusammenstellen, die auf die zu erledigenden Dinge hinweisen: Zähne putzen, sich anziehen, die gebrauchte Kleidung in den Wäschebeutel stecken. Sie müssen Ihr Kind dann nur daran erinnern, auf die Liste zu schauen ... Ihr Kind lernt, eine Abfolge von Dingen selbstständig zu erledigen.

Spielerisch lernen

1. *Wettkampf gegen die Uhr* – Stellen Sie eine Eieruhr auf 15 Minuten. Kannst du die Uhr besiegen? Kann Ihr Kind seine Aufgabe erledigen, bevor die Uhr klingelt?

2. *„Bist du hier zu Hause?"* Gehen Sie zusammen mit Ihrem Vorschulkind auf einen umherliegenden Gegenstand zu und fragen Sie: „Bist du hier zu Hause?" Dann lassen Sie den Gegenstand antworten. Sie könnten zum Beispiel zunächst zum Esstisch gehen und fragen: „Bist du hier zu Hause?" Dann antwortet der Tisch „Ja." Anschließend gehen Sie zum Ball und fragen ebenfalls: „Bist du hier zu Hause?" Und Ihr Kind kann für den Ball antworten: „Nein, ich bin nicht hier zu Hause. Ich wohne in der Spielzeugkiste." Nun kann Ihr Kind den Ball „nach Hause bringen" und in die Spielzeugkiste legen. Machen Sie

dieses Spiel nur so lange, wie es Ihrem Kind Spaß macht und es noch mitmachen will.

Einige weitere spielerische Aktivitäten finden Sie am Ende des Kapitels.

Eine „Hausordnung" aufstellen

Je mehr von vornherein festgelegt ist, umso leichter tut sich Ihr temperamentvolles Kind. Willensstarke Kinder mögen in der Regel keine Überraschungen, deshalb hilft es ihnen zu wissen, welche Regeln in Ihrer Familie gelten. Die folgenden Regeln können eine Anregung sein, Ihre eigene Hausordnung zu entwickeln. Hängen Sie sie dann an die Kühlschranktür oder an einen anderen Ort, wo sie jeder sehen kann.

Hausordnung

Wenn ich etwas anschalte ...	schalte ich es auch wieder aus.
Wenn ich etwas aufschließe ...	schließe ich auch wieder zu.
Wenn mir etwas 'runterfällt ...	hebe ich es wieder auf.
Wenn ich etwas aufmache ...	mache ich es auch wieder zu.
Wenn ich Dreck mache ...	putze ich ihn auch weg.
Wenn ich etwas verspreche ...	halte ich mein Versprechen.
Wenn ich etwas finde ...	gebe ich es an den Besitzer zurück.
Wenn ich mir etwas ausleihe ...	gebe ich es zurück.
Wenn man mir eine Aufgabe überträgt ...	erledige ich sie rechtzeitig.
Wenn ich Geld verdiene ...	überlege ich mir, wofür ich es ausgebe oder anspare.

Vielleicht hören Sie schon die Reaktion Ihrer alles andere als kooperativen Tochter: „Ich hab diese idiotischen Regeln nicht gemacht und ich halte mich auch nicht daran!" Atmen Sie tief durch. Vielleicht schlagen Sie vor, gemeinsam festzulegen, was gelten soll, damit das Zusammenleben in Ihrer Familie reibungsloser wird. Das ist zwar aufwändiger und zeitraubender, aber es hat wahrscheinlich sehr viel mehr Erfolg, als wenn Sie versuchen, eine Ordnung einfach zu „verordnen". Nehmen Sie die Einwände Ihres Kindes ernst (Vielleicht sind manche Ihrer Regeln wirklich etwas absurd?). Trauen Sie Ihrem Kind zu, zu einer guten Familienatmosphäre etwas beitragen zu können. Halten Sie Ihre „Hausordnung" so einfach wie möglich, und sagen Sie so oft wie möglich „Ja". Behalten Sie dabei die Frage im Blick, ob die Punkte, über die Sie diskutieren, Grundsatzfragen oder Nebensächlichkeiten sind. Vielleicht wird Ihre Hausordnung mit Hilfe Ihres Kindes viel flexibler.

Stellen Sie von Anfang an klar, welche Konsequenzen eine Regelverletzung hat.

Einige nicht verhandelbare Dinge wird es immer geben. Stellen Sie von Anfang an klar, welche Konsequenzen eine Regelverletzung hat. Wenn die Haushaltspflichten nicht erledigt sind, fällt das Fußballspiel am Samstag aus ...

Sorgen Sie für „Übergangszeiten"

Wenn Ihr Kind gerade in ein Spiel vertieft ist, wenn es zum Essen kommen, seine Hausaufgaben erledigen, die Katze füttern oder zu Bett gehen soll, braucht es einen Spielraum, um sich von der einen auf die andere Aktivität umzustellen. Beharren Sie also nicht auf einem: „Sofort, hab ich gesagt!" Geben Sie Ihrem Kind Zeit, sich auf etwas Neues einzustellen. Fünf bis zehn Minuten werden in den meisten Fällen bei Kindern bis zum Ende des Grundschulalters ausreichen.

Wie wichtig solche „Vorwarnungen" sind, lässt sich tatsächlich schon bei Kleinkindern gut beobachten. In Eltern-Kind-Gruppen klinken sich die Kinder dann am bereitwilligsten in den nächsten Programmpunkt ein, wenn sie darauf vorbereitet sind. Oft müssen die Mitarbeiter dazu auf die einzelnen Kinder zugehen und ihnen erklären: „Wir wollen gleich in unser Bastelzimmer gehen und dort eine Überraschung für die Mama machen. Baust du den Turm noch fertig? Dann ist Bastelzeit!"

Ein Vater berichtet, dass es ihn heute noch aggressiv macht, wenn er mit der Aufforderung, sofort dies oder das zu erledigen, aus einer Tätigkeit gerissen wird. Es erinnere ihn immer an seine Mutter, die ihn stets damit überfiel, dass er auf der Stelle den Einkauf zu erledigen habe. Wenn er einwandte, dass er das doch in einigen Minuten machen könne (z.B. nachdem er das Dach auf das Legohaus gebaut habe), gab es Ärger.

Mit Geld umgehen lernen

Ein altes chinesisches Sprichwort sagt: „Um mit Geld richtig umzugehen, muss man Geld haben."

Wie lernen unsere Kinder den Umgang mit Geld? Nehmen Sie die folgenden Anhaltspunkte als Anregung, die Regeln festzulegen, die in Ihrer Familie gelten sollen.

Vorschulkinder erhalten kleinere Geldbeträge (bis zu 2,- Euro) und dürfen sie ausgeben, wofür sie wollen, auch für Dinge, die die Eltern als „Blödsinn" ansehen. Allmählich werden sie lernen, was sie wirklich kaufen wollen.

Ab der Grundschulzeit können Kinder dazu angehalten werden, ihr Taschengeld einzuteilen, etwa in:

- das will ich sparen
- das will ich ausgeben
- das will ich weitergeben (etwa für die Kindergottesdienstkollekte oder irgendein soziales Projekt, über das in der Familie gesprochen wird).

Weitere Regeln könnten sein:

- Jedes Kind nimmt sein eigenes Geld mit zum Einkaufen.
- Es gibt keine „Kannst du mir mal was leihen?"- Aktionen.
- Wenn Geld vom Konto benötigt wird, muss das Kind daran denken, es rechtzeitig abzuheben.

Erste eigene Jobs

Ermutigen Sie Ihre Kinder, sich selbst ihr erstes eigenes Geld zu verdienen. Während wir in Wien lebten, machten unsere Söhne ihr eigenes Erdnussbutter-Geschäft auf. Sie kauften Erdnüsse, verarbeiteten sie zu Erdnussbutter und verkauften sie auf dem Schulhof. Es war eine ausgesprochen lehrreiche Unternehmung.

Trauen Sie Ihrem Kind zu, seinem Alter entsprechend Verantwortung zu übernehmen. Nur so wird es einmal ein selbstständiger Erwachsener werden.

Sie mussten die Erdnusspreise mit ihrem Erlös vergleichen und die „Arbeitszeit" einkalkulieren. Der Erlös wurde anteilig nach investierter Arbeitszeit verteilt. Für uns war es manchmal mühsam, die Sache mit Rat und Tat zu begleiten (ganz zu schweigen von dem Chaos in der Küche). Aber unsere Söhne lernten einige elementare Dinge über den Umgang mit Geld.

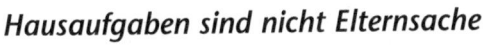

Hausaufgaben sind nicht Elternsache

Wenn ein Kind in begrenzten Bereichen Verantwortung wahrnimmt, wird sich das auch auf andere Bereiche auswirken, etwa auf die Hausaufgaben. Erinnern Sie sich noch einmal an die in Kapitel 5 aufgeführten Möglichkeiten, Ihr Kind in der Schule zu unterstützen. Eine Grundregel lautete: Sie sind letztlich nicht dafür verantwortlich, welche schulischen Noten Ihr Kind erreicht. Und der Versuch, Ihrem Kind diese Verantwortung abzunehmen (etwa durch allzu großzügige Hausaufgabenhilfe, scheinbar hilfreiche „Entschuldigungen" oder auch ein ausgefeiltes Kontrollsystem), produziert in der Regel einen unselbstständigen Erwachsenen. Schließlich war es jahrelang Sache der Eltern, für die Erledigung der schulischen Aufgaben zu sorgen. Und so versagen viele junge Leute, wenn Sie in Studium oder Ausbildung auf einmal selbst dafür verantwortlich sind, dass alles rechtzeitig erledigt wird.

Selbstverständlich sollten Sie mit Ihrem Kind für größere Arbeiten lernen, wenn es darum bittet. Vielleicht braucht es auch organisatorische Unterstützung bei Projektarbeiten. Aber überlassen Sie die Verantwortung für die täglichen Hausaufgaben Ihrem Kind, sobald es alt genug dafür ist – spätestens am Ende der Orientierungsstufe. Sondermaßnahmen sind nur erforderlich, wenn Ihr Kind in der Schule größere Probleme hat. Forschungsergebnisse belegen, dass Kinder, deren Eltern bei den Hausaufgaben regelmäßig helfen, schlechtere Leistungen erzielen als Kinder, die ihre Hausaufgaben eigenständig erledigen.

Vielleicht geht es Ihnen ähnlich wie diesem Vater: „Meinem Sohn kann ich nur ein begrenztes Maß an Hilfe anbieten. Wenn ich die Grenze überschreite, ist ein Wutausbruch höchst wahrscheinlich. Ich habe inzwischen gelernt, ihn mit den Konsequenzen seines Verhaltens leben zu lassen. Ich erinnere ihn daran, dass er die Wahl hat, ob er die Aufgabe rechtzeitig erledigen will – oder ob er mit der schlechten Note leben will, wenn er es nicht tut."

Gerade „anstrengende" Kinder brauchen häufig zusätzliche Aufmerksamkeit von den Eltern. Nicht selten versuchen sie, sie durch negatives Verhalten zu erhalten. Lassen Sie nicht zu, dass die Hausaufgaben zu einem Schlachtfeld dieser Art werden.

Verantwortlichkeit zahlt sich aus

Wenn Sie Ihren Kindern helfen, Verantwortung und Eigenständigkeit zu entwickeln, werden Sie viel Zeit, Phantasie, Überlegung und vor allem Nervenkraft investieren müssen. Aber hier lohnt sich wirklich jede Investition. Was Ihre Kinder auf diese Weise lernen, wird ihnen ein Leben lang zugute kommen. Und damit die Sache nicht allzu anstrengend wird, stellen wir Ihnen noch einige Möglichkeiten vor, wie Sie auf diesem Weg auch etwas Spaß haben können.

Gute Gewohnheiten für die Zukunft entwickeln

Wie lassen sich lästige Pflichten in Aktivitäten verwandeln, die auch Spaß machen? Die Altersangaben bei den Vorschlägen geben Ihnen einen Anhaltspunkt; aber den besten Hinweis gibt Ihnen die Reaktion Ihres Kindes. Nehmen Sie nur die Vorschläge wahr, von denen Sie glauben, dass Ihr Kind mitmacht.

1. *Jeder gegen jeden* – Teilen Sie das Haus in Bereiche auf. Jeder bekommt einen Bereich, den er in Ordnung zu bringen hat. Am Schluss wird der Bereich prämiert, der am ordentlichsten aussieht.
    (5 Jahre (mit Hilfe Erwachsener) bis 10 Jahre)

2. *Aufgaben-Lotto* – Schreiben Sie alle im Haus zu erledigenden Aufgaben auf kleine Zettel, die Sie anschließend in einen Topf tun. Dann kann sich jeder eine Aufgabe ziehen. Bei schwierigeren Arbeiten sollten Sie Teams einteilen.
    (alle Altersstufen)

3. *Das Aufräum-Alphabet* – Als Abwandlung des „Bist du hier zu Hause?"-Spiels können Sie auch die Buchstaben des Alphabets zum Aufräumen hernehmen: „Findest du etwas, das aufgeräumt werden muss und mit ‚B' beginnt?" Nun findet Ihr Kind

vielleicht ein Buch auf dem Sofa, das ins Bücherregal gestellt werden muss.
(5-7 Jahre)

Umgang mit Geld kann ebenfalls auf spielerische Weise eingeübt werden.

Wohin geht mein Geld?

Schreiben Sie für jedes Familienmitglied die Worte „Spenden", „Verdienen", „Sparen", „Ausgeben" auf separate Kärtchen. Abwechselnd werden nun Situationen ausgedacht, in denen der Umgang mit Geld eine Rolle spielt. Sie können auch einen Stapel solcher Situationskarten erstellen. Wenn die Situation bekannt ist, hält jeder Mitspieler die Karte hoch, die seine spontane Reaktion auf die Situation anzeigt. Sprechen Sie anschließend über die verschiedenen Möglichkeiten, ihre Vorteile und Nachteile.

Hier einige Anregungen für Situationen

- Die Großeltern schenken dir zu Weihnachten 20,- Euro.
- Deine beste Freundin hat nächste Woche Geburtstag.
- Im Kindergottesdienst wird für ein Dritte-Welt-Projekt gesammelt.
- Am Freitag ist das Regionalliga-Endspiel deiner Lieblingsfußballmannschaft.
- Heute hast du fünf Briefe bekommen, in denen du um Spenden gebeten wirst.
- Du hast die Garage aufgeräumt und damit 5,- Euro verdient.
- ...

Haushaltsplan fürs Taschengeld.

Vereinbaren Sie mit Ihrem Kind

- welchen Anteil des Taschengeldes das Kind pro Monat in die Sparbüchse wirft oder sich von den Eltern auf das Sparkonto überweisen lässt,
- welchen Betrag es vielleicht spenden möchte und welches Projekt sich hierfür anbietet (z.B. eine Patenschaft),
- welche Bereiche mit dem verbleibenden Geld abgedeckt werden sollen (ist das Geld nur zum persönlichen Vergnügen gedacht

oder sollen Schulsachen, Geschenke für Freunde und das Futter für das Haustier damit finanziert werden?).

Ideen, um das Taschengeld aufzubessern
Überlegen Sie gemeinsam mit Ihrem Kind, welche Aktivitäten geeignet wären, das Taschengeld ein wenig aufzubessern. Die folgende Liste lässt sich sicher noch erweitern:

- nicht mehr gebrauchte Spielsachen und Bücher auf dem Flohmarkt verkaufen
- Tomaten und Gurken anbauen und den Nachbarn verkaufen
- Gartenarbeit (Rasen mähen, Unkraut jäten, Laub harken, Rasen sprengen)
- Nachhilfeunterricht geben
- Unterhaltung für Geburtstagspartys anbieten
- Babysitten
- den Hund der Nachbarn ausführen
- Haustiere versorgen, wenn die Nachbarn im Urlaub sind

Um auch jüngeren Kindern realisierbare Möglichkeiten zu bieten, sich ein Extrataschengeld zu verdienen, könnten bestimmte Arbeiten in Haus und Garten als „Jobs" ausgeschrieben werden (die Fahrräder der Eltern putzen, Altglas oder Altpapier in Container bringen, Hof kehren etc.)

Grundsätzlich gilt es, die Bestimmungen des Jugendarbeitsschutzgesetzes zu berücksichtigen: Danach darf ein Kind prinzipiell erst ab 13 Jahren einen bezahlten Freizeitjob außerhalb der Familie annehmen und das nur mit Zustimmung der Eltern. Auch darf die tägliche Arbeitszeit bei 13- bis 15-Jährigen zwei Stunden nicht überschreiten – auch in den Schulferien!

9

Botschaft Acht:
Hilf mir, selbstständig zu werden!

„Meine Tochter scheint mir ständig zwei Schritte voraus zu sein. Als kleines Kind rannte sie buchstäblich voraus, wenn wir in Geschäften oder in der Stadt unterwegs waren; ich konnte noch so streng mit ihr sein, sie blieb einfach nicht an meiner Seite. Jetzt ist sie 12. Und wenn sie sich etwas in den Kopf gesetzt hat, gibt's nicht anderes mehr. Das macht mir das Leben als Mutter nicht gerade leicht."

➤ *„Ich wünschte mir, mein Sohn würde mit uns über seine Pläne und Vorhaben reden, anstatt uns zu verkünden, was er ‚beschlossen' hat."*

Die elfjährige Christa meint es todernst, als sie ihrer Mutter verkündet: „Wenn ich nur schon den Führerschein hätte! Ich würde sofort ausziehen. Ich brauche wirklich keine Eltern mehr!"
Wir kennen Christa seit sie ein Baby war – sie ist der Inbegriff dessen, was man sich unter einem temperamentvollen und willensstarken Kind vorstellt. Ihre Mutter ist dieser Herausforderung aber durchaus gewachsen – schon Christas ältere Schwester hatte ihren eigenen Kopf. Sie ist inzwischen Ärztin, verheiratet und erwartet ihr erstes Kind (wir wetten darauf, dass es ein Temperamentsbündel sein wird ...).
Mit zwei stellte sich Christa ihrer Mutter auf die Füße, wenn sie deren Aufmerksamkeit erreichen wollte. Im Vorschulalter wurde deutlich, dass sie unvorhergesehene Veränderungen schlecht verkraftete. „Christa hat sich nie darum gekümmert, was die anderen denken. Und sie hat schon immer alles besonders intensiv erlebt", sagt ihre Mutter. „Wenn sie etwas will, gibt sie keinen Zentimeter nach. Sie ist sehr unabhängig. Ich glaube, sie ist wirklich davon überzeugt, dass sie wunderbar allein zurechtkäme."
„Wenn ich mal wieder am Ende meiner Geduld bin mit dieser eigensinnigen Tochter, sage ich mir: ‚Alles geht vorbei!' – im Grunde weiß ich ja, dass gerade das, was mir jetzt Mühe macht, meiner Tochter zugute kommen wird, wenn sie erwachsen ist. Sie wird ganz sicher nicht einfach mit der Masse mitlaufen. Sie wird ihren eigenen Weg suchen und finden. Ich möchte nur alles tun, was ich kann, damit sie die richtige Richtung findet."

Wie kann man ein solches Kind zu Eigenständigkeit und Reife begleiten? Unser Freund Ed, ein Psychologe, sagte uns, sein Erziehungsziel für seine Kinder sei, sie möglichst ohne gravierende Schäden groß zu kriegen. Nachdem wir drei Söhne durch die Zeit der aktiven Erziehungsarbeit durchgelotst haben, verstehen wir, was er damit meint. Niemand ist vollkommen – wir nicht und unsere Kinder ebenso wenig. Und unsere Eltern waren es auch nicht.

Wie können wir also als selbst unvollkommene Eltern unseren Kindern helfen, die richtige Richtung einzuschlagen, wenn sie erwachsen werden? Wie können wir uns in unserer Rolle als „Erzieher" allmählich überflüssig machen und stattdessen eine dauerhafte Beziehung zu unseren Kindern als gleichwertigen Partnern aufbauen?

Die Herausforderung verstehen

Kinder zu erziehen ist nicht ohne Risiko. Und es ist normal, wenn Sie als Eltern auch einmal an Ihre Grenzen kommen.

Ein temperamentvolles Kind ist eine besonders „intensive Ausgabe" eines „normalen" Kindes. Es hat „einfach von allem etwas mehr" – mehr eigenen Willen, mehr Sensibilität, ein größeres Autonomiestreben, heftigere Emotionen und sehr viel mehr Beharrlichkeit. Als Eltern dieses Kindes brauchen auch Sie „von allem etwas mehr" – mehr Geduld, mehr Energie, mehr bedingungslose Liebe, mehr Vertrauen, mehr Humor und mehr Glauben, dass Gott einen guten Weg für Ihr Kind hat. Und das gilt ganz besonders in den Momenten, wo Sie etwas von Ihrer Kontrolle über das Leben Ihres Kindes aufgeben und dem Kind im Blick auf das Erwachsenwerden mehr Eigenverantwortung übertragen müssen.

Wie können Sie Ihr Kind auf seinem Weg zu persönlicher Reife begleiten? Eine einfache Aufgabe ist das sicher nicht. In der heutigen Welt ist unser Job als Eltern mit Ängsten und Risiken verbunden. Wir wollen natürlich genau die Eltern sein, die unser schwieriges Kind braucht, doch es ist ganz normal, wenn wir hin und wieder an unsere Grenzen stoßen. Und willensstarke Kinder können ihren Eltern das Gefühl geben, ständig zu versagen.

Sie können Ihrem Kind nicht das Paradies zurückgeben. Aber Sie können es auf ein Leben in einer Welt vorbereiten, in der schmerzhafte Erfahrungen unvermeidlich sind.

Wir wollen unseren Kindern die „schmerzhaften Lektionen" so gern ersparen – aber das ist unmöglich. Sie können Ihrem Kind das Paradies nicht zurückgeben. Aber Sie können ihnen die Fähigkeiten vermitteln, die ihnen helfen werden, auch schmerzhafte und schwere Erfahrungen zu bewältigen. Die entscheidende Aufgabe für Eltern besteht schließlich darin, „die Kontrolle zu verlieren" – nur sollten wir wissen, wie wir das am besten tun. So können wir unsere Kinder auf dem Weg ins Erwachsenenalter begleiten.

Bei einem dieser vielen Streitgespräche mit unserem temperamentvollen Sohn sagte er, damals zwölf, eines Tages zu uns: „Mama, Papa, ich will aus Erfahrungen lernen – aber nicht aus euren!"

Solche Worte können den Eltern eines pubertierenden Jungen schon Angst einflößen, doch gerade willensstarke Kinder lernen auf diese Weise – indem sie selbst ihre Erfahrungen machen! So hatte unser Sohn zum Beispiel ziemlich lange sein Taschengeld gespart, bis er sich einen Walkman kaufen konnte. Auf die bevorstehende Klassenfahrt wollte er ihn unbedingt mitnehmen – auch gegen unseren Rat. Natürlich: Als er zurückkam, war er um einen Walkman ärmer – man hatte ihn gestohlen –, aber um eine Erfahrung reicher: Das nächste Mal ließ er wertvolle Dinge zu Hause.

> *Je älter Ihre Kinder werden, umso mehr ist es Aufgabe der Eltern, „die Kontrolle zu verlieren".*

Wenn Ihr temperamentvolles Kind unbedingt aus Erfahrungen lernen will, müssen Sie sich fragen: Was kann ich dazu tun, damit mein Kind Erfahrungen macht, die sich positiv auf seine Entwicklung auswirken? Wenn Sie Ihrem Kind die Kunst vermitteln, gute Entscheidungen zu treffen, haben Sie schon Entscheidendes in dieser Hinsicht getan.

Die Gegenwart gestalten

Gute Entscheidungen zu treffen lernt man nur durch Erfahrung.

Elke erzählte uns, dass sie eines Tages beschloss, es sei an der Zeit, ihrem zwölfjährigen Sohn die Entscheidung darüber zu überlassen, was er zur Schule anziehen wollte. „Das fiel mir ziemlich schwer,

Botschaft Acht: Hilf mir, selbstständig zu werden!

weil es mir nicht egal war, wie er aussah und was die Leute von uns dachten. Können Sie sich vorstellen – mein Sohn zog dieselbe Hose mit dem großen Loch am Knie ein Jahr lang jeden Tag an. Ich wusch sie häufig, sodass sie sauber war; aber das wusste außer mir keiner. Noch schlimmer kam es, als er Schülerlotse wurde – jetzt sahen ihn nicht nur die Schüler, sondern auch die meisten Mütter, die ihre Kinder morgens zur Schule brachten. Natürlich war mir das total peinlich! Aber natürlich habe ich mich an unsere Abmachung gehalten. Und natürlich hat das meiner Beziehung zu meinem Sohn nicht geschadet! Im Gegenteil. Und natürlich hat schon mal die eine oder andere Freundin vorsichtig gefragt, ob ich meinem Sohn nicht mal eine neue Jeans kaufe ... Und trotzdem bin ich froh, dass ich unsere Abmachung respektiert und es ihm überlassen habe, was er anziehen wollte. "

Wie Sie Ihrem Kind bei Entscheidungen helfen können

Unabhängig von anderen kluge Entscheidungen treffen zu können ist einer der Schlüssel zu einem gelungenen Leben. Darum sind Eltern gut beraten, wenn sie ihre Kinder nach und nach immer stärker in Entscheidungsprozesse einbeziehen. Wir geben Ihnen vier Hinweise, wie diese Beteiligung aussehen kann.

Gut zu entscheiden lernt man nur, indem man etwas entscheiden darf.

1. *Geben Sie Ihrem Kind die Möglichkeit, sich an Entscheidungen, die die Familie betreffen, zu beteiligen.* Ob es nun darum geht, welche Sendung man gemeinsam im Fernsehen sieht, welches Spiel gemeinsam gespielt wird oder darum, wohin es in den Urlaub gehen soll, lassen Sie Ihre Kinder mit entscheiden. Das stärkt ihr Selbstbewusstsein und ihr Vertrauen in die eigene Fähigkeit, Entscheidungen zu fällen. So können die Kinder zum Beispiel bei der Urlaubsplanung verschiedene mögliche Ziele, Routen, Fahrpreise, Ferienwohnungen oder Campingplätze heraussuchen, etwas zur Geschichte des Landes, Sehenswürdigkeiten und andere Ausflugsziele erarbeiten. Viele dieser Informationen findet man im Internet, und da kennen sich Kinder ohnehin oft besser aus als ihre Eltern.

2. Lassen Sie Ihrem Kind die Wahl zwischen verschiedenen Optionen. Selbst kleine Kinder können einfache Entscheidungen fällen: „Möchtest du den grünen oder den roten Apfel?" oder „Möchtest du dir mit der weißen oder mit der gestreiften Zahnpasta die Zähne putzen?" oder „Möchtest du deinen Mittagsschlaf im Bett oder auf dem Sofa im Spielzimmer machen?" Auf diese Weise helfen Sie Ihrem Kind zu lernen, verschiedene Auswahlmöglichkeiten zu analysieren. Wenn Ihr Kind Sie zum Beispiel fragt: „Warum muss ich einen Mantel anziehen?", könnten Sie mit einer Gegenfrage antworten: „Wie ist das Wetter heute? Ist es kalt oder warm? Meinst du die dünne rote Jacke reicht, oder solltest du deinen blauen Wintermantel anziehen?"

3. Machen Sie Ihrem Kind Mut, auch einmal über Dinge zu verhandeln. Diese Idee begeistert Sie vielleicht nicht spontan – willensstarke Kinder diskutieren ohnehin über alles und jedes –, doch bei Entscheidungen, über die man reden kann, sind die folgenden vier Schritte durchaus hilfreich:

• Lassen Sie Ihr Kind sagen, was es tun möchte.
• Sagen Sie selbst, was Sie als Mutter / Vater tun möchten.
• Sammeln Sie gemeinsam Alternativvorschläge.
• Einigen Sie sich auf einen Kompromiss.

Wie kann das konkret aussehen?
Anna, zwölf, wünscht sich sehnlichst einen Hund. Sie erklärt ihren Eltern, dass sie ja schließlich keine Geschwister habe und immer so allein sei. Ein Hund sei wenigstens jemand, der immer da ist und den man streicheln und lieb haben könne (Schritt 1).

Die Eltern argumentieren, dass ein Hund in der kleinen Obergeschosswohnung nicht artgerecht gehalten werden könne und das Familienbudget dadurch außerdem zu stark belastet würde (Schritt 2).

Miteinander werden folgende Alternativen bedacht (Schritt 3):
• Anna fragt eine befreundete Familie, ob sie deren Hund regelmäßig ausführen darf.

- Die Familie sieht sich im Tierheim um, ob es dort vielleicht einen ganz kleinen Hund gibt, der ein neues Zuhause sucht.
- Anna verabredet sich häufiger mit ihrer Freundin und lädt sie über das Wochenende zu sich ein.
- Anna darf sich ein Haustier kaufen, das in ihrem kleinen Zimmer in einem Käfig gehalten werden kann.
- Der Kompromiss sieht schließlich so aus, dass Anna mit ihrer Freundin loszieht und sie einen niedlichen Zwerghamster kaufen. Anna verpflichtet sich, von ihrem Taschengeld für Futter und Streu aufzukommen. (Schritt 4)

(In diesem Fall hatte die Geschichte noch einen überraschenden Ausgang: Der Hamster wurde zur Verwunderung aller täglich runder und brachte nach zehn Tagen neun Junge zur Welt!)

Dauert das alles aber nicht ziemlich lange? Ja, schon. Aber vergessen Sie nicht, dass es darum geht, Ihren Kindern beizubringen, wie man kompetente Entscheidungen trifft. Natürlich wäre es einfacher zu sagen: „Tu das!" oder „Tu das nicht!" Aber wann sollen Ihre Kinder dann lernen, Entscheidungen selbstständig zu fällen? Außerdem hassen willensstarke Kinder es ohnehin, wenn man ihnen sagt, was sie zu tun haben.

4. Gehen Sie davon aus, dass Ihr Kind auch Fehlentscheidungen treffen wird. Das Schwierigste in diesem Lernprozess um Entscheidungen ist zuzusehen, wie unsere Kinder Fehler machen. Wie reagieren Sie zum Beispiel, wenn Ihr siebenjähriger Sohn zum Geburtstag etwas Geld geschenkt bekommt und davon ein völlig unmögliches T-Shirt kaufen will? Lassen Sie es zu und geben Ihrem Sohn die Chance, aus seiner Fehlentscheidung zu lernen?

Die meisten Menschen lernen aus Fehlern mehr als aus Erfolgen. Wenn wir unserem Kind die Chance geben, durch eigene Entscheidungen im Kleinen Selbstbewusstsein und Kompetenz zu gewinnen, können wir ihnen auch größere Entscheidungen übertragen. Bis es dann so weit ist, dass sie sich ihr Studienfach oder ihren Ehepartner aussuchen und ethische Entscheidungen fällen, sollte ihre Fähigkeit zu kompetenten und objektiven Entscheidungen gut genug entwickelt sein. Natürlich fällt es uns manchmal schwer, wenn wir unseren Kindern bestimmte Entscheidungen überlassen – manchmal ist es uns auch geradezu peinlich. Schließlich weiß jeder, wie das ist, wenn alle sagen: „Das sind doch die Eltern von diesem ...“ Das ist dann toll, wenn der eigene Sohn gerade der Star der Fußballmannschaft geworden ist und jeder ihn bewundert. Aber das macht weniger Spaß, wenn man die Mutter des Jungen mit der gepiercten Nase oder der Tochter mit den grün-orangen Haaren ist. „Wenn ich glaube, dass mein Sohn gerade – wieder einmal – den Fehler seines Lebens macht“, sagte uns eine Mutter, „dann kann ich nur hoffen und beten, dass daraus eine wunderbare Gelegenheit wird, etwas daraus zu lernen. Und dass ich mich beherrsche und nicht dauernd zu ihm sage: ‚Ich hab’ es dir ja gesagt ...!‘“

Bieten Sie Ihrem Kind Herausforderungen

Erinnern Sie sich noch: Willensstarke Kinder brauchen Herausforderungen. Sie hassen feste Vorgaben und Ultimaten. In unseren Eltern-Gruppen geht es immer wieder darum, wie Eltern ihren Kindern in den verschiedenen Entwicklungsphasen angemessene Herausforderungen bieten können. Bei einem Vorschulkind kann das zum Beispiel das Ziel sein, alle Fähigkeiten für die Schulreife zu erreichen, bei einem zehnjährigen, die Voraussetzungen für die weiterführende Schule zu erwerben. Es könnte aber auch der Besuch eines Verkehrsübungsplatzes sein, der dem Sohn oder der Tochter die Vorbereitung auf die Führerscheinprüfung erleichtert.

„Projekt Zwölf-Einhalb“
Wir haben mit unseren Söhnen im Sommer vor ihrem dreizehnten Geburtstag jeweils ein „Projekt Zwölf-Einhalb“ durchgeführt – ihnen bestimmte Ziele gesetzt, die sie auf die bevorstehende Lebensphase als Jugendliche vorbereiten sollten. So wurde der Eintritt ins Teenie-Alter gebührend ‚gewürdigt‘, und unsere Söhne stiegen in diese Lebensphase mit wesentlich mehr Selbstvertrauen ein, weil sie ihr „Projekt Zwölf-Einhalb“ erfolgreich erfüllt hatten. Zu diesem Projekt gehörten Aufgaben in vier Bereichen: sportlich-körperlich, schulisch-intellektuell, spirituell und praktisch. Das sportliche Ziel

z.B. bestand darin, 1500 m in weniger als acht Minuten zu laufen. Im spirituellen Bereich sollten sie einen biblischen Wert- und Verhaltenskodex erarbeiten und für sich selbst Verhaltensregeln formulieren, auf die sie sich auch verpflichten wollten. Als praktische Herausforderung galt es, ein Outdoor-Wochenende mit David selbstständig zu planen und zu organisieren. (Ja, ich habe dabei einige sehr interessante Gerichte verspeist – aber die Jungs hatten eigenständig eingekauft und gekocht!) Schließlich gehörte noch dazu, eine Biografie eigener Wahl zu lesen und anschließend dem Rest der Familie die Persönlichkeit vorzustellen, mit der man sich beschäftigt hatte.[1]

Vielleicht denken Sie: „Wie ich meine Tochter kenne, würde Sie so etwas nie mitmachen!" Vielleicht haben Sie Recht. Es geht auch nicht darum, unser Modell zu kopieren. Aber überlegen Sie, wie Sie Ihrem Kind altersgemäße Ziele stecken können – oder ihm helfen, sie sich selbst zu stecken. Fragen Sie sich: Welche Fähigkeiten braucht mein Kind für einen bestimmten Lebensabschnitt? Und wie kann ich ihm – möglichst auf spielerische Weise – dazu verhelfen, die Erfahrung zu machen: Das kann ich! Ein bisschen Motivationshilfe kann dabei nicht schaden. Einer unserer Söhne war nicht sehr begeistert von unserem Projekt, bis er erfuhr, dass als Preis die lang ersehnten neuen Skier zu erringen waren. Die Aussicht auf größere Verantwortung und Eigenständigkeit, z.B. verlängerte Ausgehzeiten oder neue Bereiche eigenständiger Entscheidung, kann auch ein sehr motivierender Faktor sein.

Helfen Sie Ihrem Kind, sich selbst Ziele zu setzen

Temperamentvolle Kinder brauchen mehr als andere das Gefühl, selbst über ihr Leben bestimmen zu können. Doch weil sie schwieriger sind als andere Kinder, nehmen wir ihnen manchmal gerade dann das Zepter aus der Hand, wenn es ihnen besonders viel bedeuten würde, ihre eigenen Entscheidungen zu treffen – zum Beispiel in der Pubertät.

Es ist ein interessantes Phänomen, dass viele Eltern in der Erziehung strenger und rigider werden, je älter ihre Kinder werden.

War man am Anfang mit der niedlichen Zweijährigen noch fast endlos verständnisvoll und liberal, so sieht sich die 14-jährige plötzlich einem strengen Regiment zahlloser eiserner Regeln gegenüber. Gehen Sie nicht in diese Falle! Je älter unsere Kinder werden, desto mehr Freiheit brauchen sie. Kleine Kinder brauchen feste Regeln und klare Grenzen. Sie gewinnen die Kontrolle über das Leben Ihrer Teenager nicht dadurch zurück, dass sie versuchen, Ihr Kind einzuengen.

Wenn die Kinder älter werden, brauchen sie nicht mehr Kontrolle, sondern mehr Freiheit.

Sie können Ihr Kind besonders gut motivieren, wenn Sie ihm durch gezielte Herausforderungen helfen, etwas zu erreichen, das es unbedingt tun will. Beteiligen Sie Ihr Kind an dem Entwurf eines solchen Projekts. Vielleicht werden Sie überrascht sein, wie kreativ Ihr Kind ist und wie gut es sich selbst einschätzen kann. Und Ihr Kind bekommt das Gefühl, dass diese Aufgabe wirklich sein persönliches Projekt ist.

Die 13-jährige Gesa hat klare Vorstellungen davon, welche Klamotten sie cool findet. Das führt zu ständigen Unstimmigkeiten mit ihren Eltern, die ihr Kleidungsstücke nach ihren geschmacklichen und preislichen Vorstellungen verordnen wollen. Wenn Gesa mit ihren Freundinnen bummeln geht, kommt sie oft mit einem Shirt o.ä. heim, für das sie ihr ganzes monatliches Taschengeld ausgegeben hat. Möchte sie dann mit ihrer Clique Eis essen gehen, bettelt sie die Eltern um einen Vorschuss an. Bei einer gemeinsamen Krisensitzung kristallisiert sich schließlich die Idee heraus, die bislang gemeinsam getätigten Kleiderkäufe einzustellen und Gesas Taschengeld um einen angemessenen Bekleidungsbetrag zu erhöhen. Die elterliche Bedingung: Gesa soll ihren Kleiderschrank durchforsten und dann einen schriftlichen Plan entwerfen, welche Kleidungsstücke sie für die nächste Saison zu kaufen gedenkt und wie sie ihr Geld monatlich einteilen wird. Dann soll sie sich über Jugendkonten bei verschiedenen Banken informieren, um mit ihren Eltern bei der Bank ihrer Wahl ein Konto zu eröffnen, auf das ihr in Zukunft ihr „Wirtschaftsgeld" überwiesen werden kann. Gesa akzeptiert diese Regelung und macht sich mit Sorgfalt und Spaß an die Ausführung.

Nicht nur in der Pubertät sind solche Zwischenziele und kleinere Projekte möglich. Kinder entwickeln sich ständig, und es gibt keine Altersstufe, in der nicht neue Fähigkeiten oder Kenntnisse erworben werden. Was immer Sie für Ihr Kind als erstrebenswertes Ziel sehen, beachten Sie einige Grundregeln: Die Ziele müssen erfüllbar und messbar sein. Wenn die ganze Sache erfolgreich abgeschlossen wurde, kann dies mit einem kleinen Fest gefeiert werden. Gestalten Sie die Herausforderungen einfach und sorgen Sie dafür, dass der Erfolg vorprogrammiert ist. Einige Beispiele für mögliche Projekte finden Sie im letzten Abschnitt dieses Kapitels.

> *Gestalten Sie die Herausforderungen einfach und sorgen Sie dafür, dass der Erfolg vorprogrammiert ist.*

Bieten Sie Alternativen und sagen Sie möglichst oft Ja

Wenn Sie Ihrem Kind in kleineren Dingen (wie Frisur, Kleidung usw.) die Entscheidung überlassen, kann das helfen, größere Konflikte im Blick auf wichtigere Dinge (z.B. Drogen, Alkohol, Freundschaften und Sex) zu vermeiden oder zumindest in Grenzen zu halten. Sagen Sie Ja, wo immer es geht, und reservieren Sie ein Nein für die wirklich entscheidenden Momente.

Auch die Art, wie Sie Aufforderungen oder Bitten formulieren, entscheidet darüber, ob Ihr Kind auf Sie hört. Wenn Sie so richtig wütend sind, sagen Sie zu Ihrem Kind vielleicht: „Wage ja nicht, in diesem Ton mit mir zu sprechen!" Es bestehen gute Chancen, dass Ihr Kind jetzt noch ein bisschen lauter und aufsässiger wird – oder überhaupt nicht mehr mit Ihnen spricht! Besser wäre zum Beispiel zu sagen: „Du klingst ziemlich wütend. Aber wenn du mir mit ruhigen Worten noch einmal sagst, was du gerade sagen wolltest, dann werde ich auch ganz bestimmt zuhören."

Haben Sie schon einmal versucht, Ihrem willensstarken Kind ein Ultimatum zu stellen – „Du räumst jetzt sofort dein Zimmer auf!" oder: „Du wirst nicht vom Tisch aufstehen, bevor die Mathe-Hausaufgaben gemacht sind!" Dann haben Sie vermutlich eine weitere Schlacht im Eltern-Kind-Machtkampf verloren. Besser wäre etwas wie: „Wenn du deine Hausaufgaben fertig hast, können wir das neue Video anschauen" oder: „Sobald dein Zimmer aufgeräumt ist, fahre ich dich zum Fußballtraining."

Unser temperamentvoller Sohn war Experte in Sachen Sarkasmus. Das hat mich (Claudia) jedes Mal auf die Palme gebracht. Anstatt ihm eine weitere Lektion über den nötigen Respekt vor seiner Mutter zu halten, sagte ich eines Tages nur: „Es frustriert mich, wenn ich versuche, ernsthaft mit dir zu reden, und dann bekomme ich nur lauter dumme Antworten und sarkastische Bemerkungen von dir."
Er schaute mich völlig verdattert an, weil er diesmal nicht die übliche Predigt zu hören bekommen hatte, und sagte dann: „Mama, ich hab gar nicht gewusst, dass du das so empfindest. Worüber wolltest du mit mir reden?"

Glaubensfragen: Freilassen und vertrauen

Wenn die Kinder älter werden, ändert sich die Rolle der Eltern: Erst sind sie es noch, die in vielen Dingen für ihre Kinder die Entscheidungen treffen; dann haben sie die Aufgabe, ihren Kindern den Weg zu eigenständigen Entscheidungen zu ebnen; und schließlich werden sie zu reinen Beobachtern. Das mag uns erschrecken und uns schwer fallen. Aber wir müssen diese Entwicklung mitgehen und unsere Kinder von der Einhaltung fester familiärer Regeln in die Freiheit eigener Überzeugungen entlassen. Wir wünschen uns auch, dass unsere Kinder feste Glaubensüberzeugungen entwickeln und dazu müssen wir sie aus der Abhängigkeit von uns Eltern in die Abhängigkeit von Gott freisetzen. Dieser Entwicklungsschritt folgt keinen wissenschaftlichen Gesetzen – es gibt kein Zehn-Punkte-Programm, das uns garantieren könnte, dass unsere Kinder dieselben Werte vertreten werden, die uns wichtig sind. Spiritualität und

Botschaft Acht: Hilf mir, selbstständig zu werden!

Glaubensüberzeugung kann niemand verordnen. Wir können aber unser Möglichstes tun und alles Übrige in Gottes Hand legen.

In den ersten Lebensjahren unserer Kinder lasen wir ihnen biblische Geschichten vor. Sobald sie schreiben konnten, haben wir sie ermutigt, aufzuschreiben, was sie mit Gott erlebten, und halfen ihnen, einfache Ziele zu formulieren und zu erreichen. Wir beten mit und für unsere Kinder und vermitteln ihnen Dankbarkeit und die Bereitschaft zum Teilen. Wenn die Kinder dann in die Pubertät kommen, wandelt sich unsere Rolle erneut.

Es gibt kein Zehn-Punkte-Programm, das garantieren könnte, dass unsere Kinder dieselben Werte vertreten werden, die uns wichtig sind.

Von fremden Regeln zu eigenen Überzeugungen

Eltern, die selbst aus dem Glauben leben, wünschen sich natürlich, dass ihre Kinder das Glaubensfundament, das sie selbst getragen hat, auch für sich entdecken. Wir haben als Eltern zwar einen gewissen Einfluss, aber letztlich liegt es nicht in unserer Macht, ob das geschieht. Wenn aus Kindern Jugendliche werden, tun ihre Eltern gut daran, vor allem durch ihre eigene Lebensgestaltung das Interesse an Glaubensfragen lebendig zu erhalten und ihnen ansonsten die Freiheit zu lassen, den von den Eltern erlernten Glauben durch eigene Überzeugungen zu ersetzen. Wir hatten gesagt: Ein temperamentvolles Kind wird in dieser Welt etwas bewegen, so oder so – es muss sich seine Überzeugungen selbst aussuchen. Was also können wir tun, um diese Wahl ein wenig zu beeinflussen?

Ein Kind hat keine Wahl, ob es Gott in sein Leben einbeziehen will oder nicht, solange man ihm nicht die Freiheit gibt, sich für oder gegen diesen Gott zu entscheiden. Glaube erwächst nur aus der Freiheit. Überzeugungen müssen frei von äußerem Druck gewählt werden. Und da setzt für Eltern oft die Angst ein: Was, wenn mein Kind die verkehrte Wahl trifft? Es ist manchmal hart, diesen Prozess des Suchens, der Abgrenzung, der Entscheidung zu begleiten. Aber noch schlimmer wäre es mit ansehen zu müssen, wie ein beinahe Erwachsener darunter leidet, dass man ihm niemals den nötigen Raum für eigene Entscheidungen gegeben hat. Solche Menschen kennen nichts anderes als die Anpassung an den Willen ihrer Eltern oder anderer Autoritäten und besitzen, wenn sie aus dem Haus gehen, keine eigenen Überzeugungen. Sie betreten eine ihnen fremde Welt, in der der Einfluss der Eltern sie nicht länger schützend umgibt. Und weil ihnen eigene Überzeugungen fehlen, kann es sein, dass sie herumexperimentieren und alle möglichen Philosophien ausprobieren. Da ist es doch besser, wenn Kinder ihre Grundüberzeugungen bereits zu Hause formen können.

Glaube erwächst nur aus der Freiheit. Überzeugungen müssen frei von äußerem Druck gewählt werden.

Darum wollen wir Ihnen Mut machen: Beginnen Sie rechtzeitig, die Verantwortung für die Glaubensüberzeugung Ihrer Kinder nach und nach Ihren Kindern selbst zu übertragen. Wir machen einige Vorschläge, wie Sie diesen Prozess in Gang setzen können:

1. *Machen Sie Ihrem Kind Mut, Fragen zu stellen.* Manchmal haben unsere Kinder uns überraschende Fragen gestellt. In den meisten Familien gibt es mindestens eine Person mit einer Neigung zum Zynismus – und wir bildeten da keine Ausnahme. Wir hatten nicht immer Antworten auf die Fragen der Kinder parat, aber wir suchten mit ihnen zusammen nach den Antworten. Denken Sie daran, dass Jugendliche Antworten auf ihre Fragen finden müssen. Als Sie selbst zur Schule gingen, basierte das Schulsystem noch stärker auf christlichen Werten und wurde von einem mehr oder weniger ausgeprägten Verhaltenskodex getragen. Unsere Kinder bekommen es bereits in der Schulzeit mit Fragen wie Abtreibung, Aids, vorehelichem Sex, Homosexualität, Alkohol, Drogen, Gewalt, Ausländerfeindlichkeit usw. zu tun. Wenn wir ihnen nicht helfen, Antworten zu finden, werden es andere tun.

2. *Suchen Sie nach Menschen, die als Mentoren für Ihr Kind fungieren können.* Junge Erwachsene können einen positiven Einfluss auf Ihr Kind ausüben. Christliche Jugendgruppen, Freizeiten oder Konferenzen bieten die Möglichkeit solche „Mentoren" zu finden. Das gilt besonders für die Jahre, in denen die Eltern gar nicht mehr wissen, wie sie noch an ihre Kinder herankommen können, und völlig ihren Einfluss zu verlieren scheinen.

3. *Geben Sie ein gutes Vorbild.* Wir können nicht behaupten, unseren Kindern immer ein gutes Vorbild gewesen zu sein, aber wir haben es versucht. Manchmal hatten wir die zündende Idee, wie wir für unsere Söhne das nötige Vorbild sein konnten, und manchmal hofften wir nur einfach, dass uns unser gesunder Menschenverstand in schwierigen Phasen sagen würde, was zu tun war.

Wenn Sie Ihrem Kind nicht helfen, Antworten zu finden, werden es andere tun.

4. *Vertrauen Sie darauf, dass Gott all das Gute für Ihr Kind im Sinn hat, das Sie gerade noch nicht sehen!* Wir verloren in schwierigen Zeiten nicht den Mut, weil wir uns darauf verließen, dass Gott unsere Familie nicht im Stich lassen würde. Woher wir das wussten? Lesen Sie Psalm 138,8: „Ja, Herr, du wirst dich auch in Zukunft um mich kümmern, deine Gnade hört niemals auf! Was du angefangen hast, das führe zu einem guten Ende!" Wenn Sie neue Hoffnung brauchen, erinnern Sie sich an Worte des Apostels Paulus: „Hoffen wir aber auf etwas, das wir noch nicht sehen können, dann warten wir zuversichtlich darauf" (Römer 8,25). Wenn Sie eine gute Konkordanz besitzen, können Sie sich alle Bibelstellen zum Stichwort „Hoffnung" heraussuchen. Und wenn Sie wieder einmal entmutigt sind, lesen Sie doch einige dieser Bibelworte.

5. *Beten Sie für Ihr Kind.* Die Erziehung Ihrer Kinder ist keine Aufgabe, die Sie einsam und allein zu bewerkstelligen haben. Wir können auf die Möglichkeiten des lebendigen Gottes zurückgreifen. Darum sollten Sie möglichst oft mit ihm über Ihre Kinder reden!

6. *Sorgen Sie dafür, dass Ihr Kind gute Bücher und christliche Musik kennen lernt.* Wir haben uns immer bemüht, unsere Kinder zu unterstützen, wenn sie sich ein gutes Buch oder Musik mit christlichen Inhalten kaufen wollten.

Entscheiden Sie sich zu vertrauen

So gefährlich uns das auch erschien, wir beschlossen, unseren Söhnen in der Pubertät zu vertrauen. Der Seelsorger Norman Wright gibt folgenden Rat: „Wer seinen Teenagern vertraut, läuft Gefahr, dass dieses Vertrauen missbraucht wird. Es wäre ja schön, wenn Sie Ihren Jugendlichen dazu bringen könnten, dass er Ihnen schriftlich verspricht, Ihr Vertrauen nicht zu enttäuschen; Sie könnten es sogar noch notariell beglaubigen lassen. Aber es ist trotzdem nur ein

Fetzen Papier. Wie bei jeder Liebesbeziehung riskieren Sie, verletzt zu werden. Sie werden enttäuscht sein; auch ich habe das hin und wieder erlebt. Das ist der Preis dafür, dass wir sagen: ‚Und ich liebe dich trotzdem.'"[2] Vertrauen ist etwas, das wir immer wieder investieren müssen, wenn die Beziehung im Mittelpunkt stehen soll.

Die Kunst, einen Drachen steigen zu lassen

Wir fanden ein wunderbares Bild für diesen allmählichen Ablösungsprozess bei Erma Bombeck:

„Kinder sind wie Drachen. Man verbringt eine Ewigkeit damit, sie zum Fliegen zu bringen. Man rennt, bis man aus dem letzten Loch pfeift. Sie stürzen ab. Man bringt eine längere Schnur an. Sie bleiben am nächsten Dachfirst hängen und man befreit sie aus der Dachrinne. Man flickt und tröstet, richtet und belehrt. Man beobachtet, wie der Wind sie ein Weilchen trägt und versichert immer wieder: Eines Tages wirst du fliegen.

Schließlich stehen sie am Himmel, aber sofort brauchen sie mehr Schnur und dann noch mehr und noch mehr ... Und mit jeder Umdrehung der Schnur spüren Sie ein Stück mehr Trauer, die diesem Spiel innewohnt, denn der Drachen wird immer kleiner und kleiner und entfernt sich immer weiter von Ihnen. Und Sie wissen: Es dauert nicht mehr lange, und dieses wundervolle Geschöpf wird die Schnur durchtrennen, die Sie mit ihm verbindet und das tun, wozu es geschaffen wurde: fliegen ... frei und ungebunden."

Was bleibt ist die Beziehung
Wenn Sie an diesem Punkt sind, dass Sie endgültig loslassen müssen (sei es freiwillig oder nicht!) bleibt Ihnen doch etwas: die Beziehung, die Sie in früheren Jahren zu Ihrem Kind aufgebaut haben. Natürlich: Raum zur Entfaltung zu geben und die Leine immer ein wenig lockerer zu lassen bedeutet ein Risiko. Aber es gibt keine Alternative. Als Eltern, die dieses Risiko eingegangen sind und nun den freien Flug von drei erwachsenen Söhnen beobachten können, kön-

nen wir nur sagen: Es lohnt sich! Die Beziehung, die am anderen Ende der „Erziehungsjahre" auf Sie wartet, ist alle schlaflosen Nächte, Diskussionen und Sorgen mehr als wert!

Die Jahre, in denen Sie Ihre Kinder aktiv beeinflussen und prägen können, sind begrenzt. Sie werden diese Zeit überstehen. Ihr jetzt so anstrengendes Kind wird erwachsen werden. Wenn Sie jetzt durchhalten, werden Sie eines Tages vielleicht erleben, wie Ihr temperamentvolles Kind seine eigenen Kinder großzieht. (Es gibt noch eine ausgleichende Gerechtigkeit! ☺)

Gute Gewohnheiten für die Zukunft einüben

Einige Beispiele für Projekte, die Ihrem Kind helfen, sich selbst Ziele zu setzen. Vergessen Sie nicht, einen wirklichen Anreiz damit zu verbinden. Und gestalten Sie alles so spielerisch wie möglich. Vermeiden Sie eine Atmosphäre von Leistungsdruck und helfen Sie Ihrem Kind die Freude darüber zu entdecken, dass man etwas Neues gelernt, eine neue Fertigkeit entwickelt hat.

Vorschulalter
Ein Vorschulkind könnte bis zum Schulbeginn Folgendes lernen:
- seinen Namen, Nachnamen und die Namen der Eltern
- seine Adresse
- die Telefonnummer der Eltern
- erste Zahlen
- Farben
- Schleife binden
- grobes Verständnis für die Uhrzeit entwickeln
- Radfahren.

Versuchen Sie auf keinen Fall, Ihr Kind zu besonderen Leistungen zu drängen – es soll Spaß machen, neue Fähigkeiten zu erwerben! Wenn Sie Druck machen, gerät Ihr Kind zusätzlich unter Stress – und davon haben wir alle bereits mehr als genug.

Grundschulalter

Zu einem Projekt für Grundschulkinder ab Klasse 3 könnte gehören z.b.:

- ein Buch lesen und dem Rest der Familie etwas darüber erzählen,
- ein Bibelstudienheft für Kinder durcharbeiten,
- für alle einen Nachtisch zubereiten,
- Briefe an die Großeltern oder andere Verwandte schreiben,
- eine neue Bastel- oder Handarbeitstechnik lernen.

Ab ca. 14 Jahre:

- Einsatzmöglichkeiten einer neuen Computersoftware erarbeiten
- (Für Instrumentenkundige:) ein Musikstück einüben, von dem das Kind begeistert ist, und bei nächster Gelegenheit präsentieren,
- einen Aufsatz über sich selbst in einer Fremdsprache schreiben,
- im Internet und in der Bibliothek Recherchen zu einem Thema durchführen, für das er/sie sich interessiert und die Ergebnisse präsentieren,
- mit Freunden ein Video über den Wohnort produzieren,
- einen Platten am Fahrrad beheben können,
- ein Jugendkonto eröffnen und einen Haushaltsplan erstellen.

Familien-Bibelstudienprojekte (wenn die Kinder etwas älter sind)

Es kann Spaß machen, sich als Familie z.B. im Urlaub ein Thema vorzunehmen, zu dem man die Bibel miteinander befragen möchte. Vielleicht beschäftigen sich die Kinder gerade, herausgefordert durch die Schule, mit bestimmten Fragestellungen. Oder man wählt ein Thema, das alle Familienmitglieder zur Weiterentwicklung anregt, etwa: „Herausfordernder Lebensstil nach der Bergpredigt" oder: „Konfliktlösung im Neuen Testament".
Vielleicht können Sie auch weitere Literatur hinzuziehen und evtl. unterschiedliche Positionen miteinander vergleichen.

Das Buch der Sprüche eignet sich für überraschende Entdeckungen und alltagstaugliche Weisheiten. Teilen Sie jedem Familienmitglied einige Kapitel zu. Nun geht es darum, die Lebensweisheit dieses

Buches zu ermitteln. Sie können das unter folgender Fragestellung tun:

- Vor welchen Fallen wird hier gewarnt?
- Welche Lebensweisheit hat mich am meisten überzeugt/mir am besten gefallen?
- Welche Empfehlung oder Einsicht will ich als Motto für die nächste Woche auswählen?

Zu Ihrer Orientierung hier einige Stellenangaben zu bestimmten Themen:

- Mitläufer im falschen Club sein: 1,10-14
- Unwahrhaftigkeit: 14,5; 19,9
- Faulheit: 13,4; 20,4; 24,30-34
- Ehe, Partnerschaft, Sexualität: 5,1-23; 6,24-35
- Unbeherrschtheit: 14,17.29; 19,19; 20,3
- Eifersucht: 14,30

Das Gespräch über die Funde kann sehr viel Überraschendes zu Tage bringen.

10
Erziehung mit Langzeitperspektive

Neun Kapitel lang haben wir uns mit Ihrem Kind, seinen Besonderheiten, Schwierigkeiten und Eigenarten befasst. In diesem Kapitel geht es um Sie. Wie können Sie als Mutter oder Vater Ihr inneres Gleichgewicht beibehalten und als Person noch zu Ihrem eigenen Recht kommen, wenn Ihr Kind sie ständig fordert und oft genug herausfordert? Wie finden Sie die nötige Unterstützung und Ermutigung für sich selbst? Auch Eltern geraten ja an Grenzen, physische und psychische, und es gibt so etwas wie den „Eltern-Burnout".

Wenn Sie Ihr Dasein als Mutter oder Vater eines Temperaments-bündels rundherum genießen, überschlagen Sie dieses Kapitel getrost. Wir kennen allerdings zahllose Eltern, die nicht immer voll und ganz in der Erziehungsaufgabe aufgehen und Momente kennen, in denen sie am liebsten den Job kündigen würden. Wenn Sie zu dieser Kategorie gehören, dann ist dieses Kapitel für Sie geschrieben.

Anhand der folgenden Liste können Sie prüfen, ob Sie Symptome eines solchen „Eltern-Burnout" zeigen:

- Ihr Leben wird immer hektischer, aber Sie genießen es immer weniger.
- Sie sind schon seit Monaten nicht mehr mit Freunden Essen gegangen.
- Sie sagen sich immer wieder: „Das ist nur eine Phase. Demnächst wird es wieder ruhiger."
- Sie fühlen sich kraftlos und sind schon am Morgen erschöpft.
- Sie gehen bereits von vornherein davon aus, dass Ihr willensstarkes Kind Ihnen Schwierigkeiten machen wird.
- Sie können sich schon gar nicht mehr daran erinnern, wann Sie sich zum letzten Mal sportlich betätigt haben.
- Sie verlieren häufig die Nerven und sagen Dinge, die Sie hinterher bereuen.
- Sie sind andauernd erkältet, haben ständig Rückenschmerzen oder andere kleinere Beschwerden.
- Der letzte romantische Abend mit Ihrem Ehepartner liegt schon Ewigkeiten zurück.
- Ihr erster Gedanke am Morgen und Ihr letzter Gedanke am Abend dreht sich um Ihr „Problemkind".

Der Erschöpfung auf die Spur kommen

Sie könnten die Liste vermutlich noch um Einiges ergänzen, doch bevor Sie darauf Ihre letzten Kraftreserven verwenden, wollen wir lieber fragen, wie Sie einer totalen Erschöpfung oder Resignation vorbeugen oder begegnen können. Weil temperamentvolle Kinder so viel Kraft kosten, ist die Gefahr eines „Eltern-Burnout" für Eltern solcher Kinder nicht von der Hand zu weisen. Wenn Sie zudem noch berufstätig oder/und allein erziehend sind, kommen weitere Stressfaktoren hinzu. Und dann geht es zunächst einmal darum, den Hauptursachen der Erschöpfung auf die Spur zu kommen.

Nehmen Sie sich einige Minuten Zeit und schreiben Sie auf, wodurch Sie sich am meisten gestresst oder unter Druck gesetzt fühlen. Sie könnten sogar einige Wochen eine Art Stress-Logbuch führen. Gehen Sie Ihre Liste der Stressfaktoren durch und fragen Sie sich, welche dieser Punkte Sie aus Ihrem Terminkalender streichen könnten. Eltern sind ja schließlich keine Roboter und auch keine Engel, die weder Schlaf noch Nahrung brauchen. Bevor Sie die nächste Verpflichtung übernehmen, sollten Sie sich die folgenden drei Fragen stellen:

Drei Fragen für Vielbeanspruchte:
1. Wie viel Zeit und Energie muss ich in diese Sache investieren?
2. Kann ich dafür etwas anderes aus meinem Terminkalender streichen?
3. Wie wichtig ist mir diese Verpflichtung? Dient sie einem größeren persönlichen Ziel?

Wenn Sie so Ihre momentane Situation genau angesehen haben, sollten Sie auch die Zukunft in den Blick nehmen. Sie werden nicht Ihr Leben lang mit einem fordernden Kind und seinen Launen beschäftigt sein! Tatsächlich – es gibt ein Leben nach den Kindern! Das mag schwer vorstellbar sein, wenn Ihr Sprössling gerade in den Kindergarten kommt. Aber es stimmt trotzdem. Und Sie sollten darauf vorbereitet sein! Zu häufig konzentrieren sich Eltern nur noch auf die Kinder und deren Probleme. Wenn die Kinder dann aus dem Haus gehen, verschwindet mit ihnen auch alle Energie und Vitalität. Ihre Eltern wandeln ruhelos durch ein viel zu groß gewordenes Haus auf der Suche nach einem Ehepartner, den Sie kaum noch kennen. Es verwundert kaum, dass gerade in dieser Zeit – nachdem die Jungen das Nest verlassen haben – so viele Ehen aus-

Es gibt ein Leben nach den Kindern!

einander brechen. Auch mitten im Trubel der Erziehungsjahre sollten Sie die Zukunft nicht ganz aus dem Blick verlieren. Und dazu ist es hilfreich, sich ein paar konkrete Ziele zu setzen.

Ziele setzen – Was heißt das?

Es gibt bestimmte Ziele im Leben, die sich für die meisten Menschen wohl von selbst verstehen: wir wollen unsere Kinder lieben und fördern; wir wollen in der Welt etwas Gutes bewirken; wir wollen unseren Ehepartner lieben und unterstützen. Die meisten Menschen setzen sich Ziele, dennoch bleiben viele bei dem Gefühl stehen, nicht zu erreichen, was sie sich vorgenommen haben. Oftmals nehmen wir uns einfach zu viele Dinge vor, unsere Ziele sind zu allgemein gefasst und es ist nicht möglich, einen Erfolg zu messen. Wenn Sie realistische Ziele für sich selbst formulieren, achten Sie darauf, dass sie den folgenden Kriterien genügen:

1. Das Ziel muss konkret sein.
2. Das Ziel muss messbar sein.
3. Setzen Sie sich einen zeitlichen Rahmen.

Wenn sich ein Paar zum Beispiel zum Ziel setzt, mehr Zeit miteinander zu verbringen und die Beziehung untereinander zu stärken, könnte der konkrete Aktionsplan ungefähr so aussehen:

1. Wir nehmen uns einen Abend pro Woche Zeit füreinander.
2. Wir gehen dreimal wöchentlich nach dem Abendessen eine halbe Stunde spazieren.
3. Wir planen innerhalb der nächsten zwei Monate ein Ehewochenende ein.
4. Wir lesen ein Buch über Kommunikation in der Ehe und sprechen in den nächsten drei Monaten darüber.

Wie sieht Ihre Situation aus? Welche Ziele verfolgen Sie momentan? Welche Ziele würden Sie sich gern setzen? Wenn Sie verheiratet sind, achten Sie darauf, dass Sie vor lauter Erziehungsfragen Ihre Partnerschaft nicht vernachlässigen. Welche Ziele setzen Sie sich dafür? Wenn Sie allein erziehend sind, sollten Sie sich Ziele setzen, mit denen Sie sich ein tragfähiges Beziehungs-netz aufbauen können. (Sie könnten sich zum Beispiel mit anderen Eltern zusammentun und eine Elterngruppe gründen.) Wer die Verant-wortung der Kindererziehung allein zu tragen hat, vernachlässigt häufig seine eigenen Bedürfnisse. Vielleicht fühlen Sie sich auch schuldig, wenn Sie einmal etwas nur für sich selbst tun. In einer solchen Situation könnte es Ihnen helfen, Ihre persönlichen Kraftquellen einmal zu untersuchen und so weit wie möglich auszubauen.

Welche Ziele ver-folge ich momentan? Welche Ziele würde ich gern verfolgen?

Vielleicht können Verwandte Sie ja in Ihren Aufgaben als Mutter oder Vater unterstützen. Welche Angebote gibt es in Ihrer Nach-barschaft oder Ihrer Gemeinde? Je mehr unsere Gesellschaft die Bedürfnisse allein erziehender Eltern wahrnimmt, umso mehr Ange-bote gibt es zu Ihrer Unterstützung. Allein Erziehende verfallen leicht in die Haltung: Ich und mein Kind gegen den Rest der Welt. Kämpfen Sie gegen die Tendenz an, Ihr Kind zu Ihrem emotionalen Halt oder, wenn es älter wird, zu Ihrem hauptsächlichen Gegenüber zu machen. Es überfordert jedes Kind, ein kleiner Erwachsener sein zu müssen. Sorgen Sie deshalb dafür, dass Sie erwachsene Freunde haben. Manchmal geht es vielleicht einfach darum zuzulassen, dass andere Menschen uns ihre Hilfe anbieten. Wie immer Ihre Situation aussieht – machen Sie sich bewusst, dass Sie mit Ihrer Verantwortung nicht völlig allein dastehen. Das gilt auch für Elternpaare. Für uns war es immer wieder eine Hilfe, uns klar zu machen: Wir haben eine Anlaufstelle, an die wir uns immer wenden können. Gott hat uns seine Hilfe angeboten und versprochen; es ist unsere Sache, sie auch in Anspruch zu nehmen.

Es dient nie-mandem, wenn Sie Ihre eigenen Bedürfnisse völlig vernachlässigen. Sorgen Sie für eine gute Balance von Geben und Nehmen in Ihrem Leben.

Ein eigenständiger Mensch bleiben

Es gibt eine Gefahr, der Eltern, vor allem Mütter, häufig erliegen:
Sie messen ihren eigenen Lebenserfolg oder die eigene Lebenserfüllung am Verhalten oder an der Lebensgestaltung ihrer Kinder. Das ist eine Falle und die Enttäuschung ist vorprogrammiert. Selbst „pflegeleichte" Kinder können ihren Eltern in der Pubertät den letzten Nerv rauben. Willensstarke Kinder schaffen das meist schon im Vorschulalter! Wie kommen wir also dazu, unseren Wert am Verhalten unserer Kinder zu messen? Fragen Sie sich doch einmal:

Über Ihren Wert als Mensch entscheidet nicht das Verhalten Ihrer Kinder.

• Worauf gründe ich meinen Wert und meine Bedeutung als Person?
• Was gibt mir in meinem Leben Halt und Sicherheit?

Sollten Ihre Kinder die Antwort oder ein Teil der Antwort sein, dann machen Sie sich besser auf eine Menge Probleme und Enttäuschungen gefasst. Als unsere Kinder aus dem Grundschulalter herauswuchsen, haben wir uns als Eltern noch einmal ganz bewusst entschieden, dass wir niemals unseren Lebenssinn und unseren Wert daran messen wollten, wie gut unsere Kinder gerieten. Verstehen Sie uns nicht falsch. Wir lieben unsere Söhne, unsere Schwiegertöchter und unsere Enkel und wir haben den Beziehungen in der Familie immer hohe Priorität eingeräumt. Doch wenn wir unseren Wert als Menschen an den guten oder schlechten Entscheidungen messen, die unsere Kinder in ihrem Leben fällen werden, stellen wir uns selbst eine Falle. Immer wenn wir Verantwortung für etwas übernehmen, das nicht in unserem Entscheidungsbereich liegt, machen wir uns zum potenziellen Opfer unkontrollierbarer Ängste. Worauf können wir

Wenn wir Verantwortung für etwas übernehmen, das nicht in unserem Entscheidungsbereich liegt, machen wir uns zum potenziellen Opfer unkontrollierbarer Ängste.

also unseren Wert als Person gründen und worin unseren Halt finden?

Was gibt mir Sinn und Wert? Die Bedeutung, die wir als Person haben, beruht niemals auf dem, was wir leisten können. Sie beruht im Wesentlichen auf einer Beziehung. Wer jemals die Liebe eines anderen Menschen erfahren hat, weiß, wie viel mehr sie ein Leben mit Sinn erfüllt als alles, was wir durch unsere Fähigkeiten und Leistungen erreichen. Für uns als Christen ist die entscheidende sinngebende Beziehung die Beziehung zu Gott, der uns zu seinem Bild geschaffen hat. Wir sind wertvoll, weil wir von Gott angesehen sind, weil wir gewollt sind, weil wir geliebt sind.

Was gibt mir Sicherheit? Die Liebe Gottes ist auch die Grundlage unserer Sicherheit. Der Gott, der uns wollte, der uns so geschaffen hat, wie wir sind, dieser Gott hat versprochen, uns niemals im Stich zu lassen (vgl. Hebräer 13,5). Das ist ein wirklicher Halt. Wenn wir unsere Geborgenheit und unseren Wert in unserer Beziehung zu Gott suchen anstatt im Verhalten unserer Kinder, gewinnen wir die Freiheit, unsere Kinder in ihrer Einzigartigkeit zu lieben und anzunehmen. Aus dieser Freiheit heraus können wir uns ihren tiefsten Gefühlen öffnen. Aus dieser Freiheit heraus können wir auch der vielleicht größten Versuchung für Eltern widerstehen: der Versuchung, unsere Kinder zu manipulieren und sie zu Aushängeschildern unserer eigenen „Elternqualitäten" zu machen. Wir können sie unserem liebenden Vater anvertrauen.

Kleines Erinnerungstraining für schwierige Zeiten

Wenn Sie sich vorstellen, was in den nächsten Jahren auf Sie zukommen mag und wie Ihr Kind sich wohl entwickeln wird, dann ist es leicht, den Sorgen Tor und Tür zu öffnen. „Wenn ich schon mit einem Zweijährigen so oft an meine Grenzen komme", denken Sie vielleicht, „wie soll das erst werden, wenn mein Kind älter wird? Bin ich dieser Aufgabe gewachsen?" Sorgenvolle Gedanken wie diese kennen alle Eltern. Aber diese Sorgen führen uns nicht weiter.

Sie rauben uns höchstens Energie. Wie können Sie also den Sorgen die Stirn bieten? Vielleicht helfen Ihnen die folgenden „Erinnerungssätze" dabei.

Angst und Sorge machen sich da breit, wo wir Verantwortung für Dinge übernehmen, die nicht in unserer Hand liegen.

1. *Angst und Sorge machen sich da breit, wo wir Verantwortung für Dinge übernehmen, die nicht in unserer Hand liegen.* Man findet nur schwer zu einer gelassenen Haltung, wenn man sich für Dinge verantwortlich fühlt, die man nicht länger in der Hand hat. Und je weniger wir die Kontrolle besitzen, umso mehr Sorgen machen wir uns. Überprüfen Sie also, ob Sie dabei sind, Dinge zu verantworten, die Sie gar nicht verantworten können.

2. *Erziehungsfehler sind keine Katastrophen.* Alle Eltern machen Fehler. Es gibt keine perfekte Erziehung. Und die Fehler der Eltern sind oft genug die Chancen, an denen die Kinder lernen, mit Widerständen und Schwierigkeiten umzugehen. Ihre Fehler in Einzelfragen werden Ihre Kinder nicht ruinieren. Aber eine falsche Grundeinstellung kann sich schädlich für Ihr Kind auswirken. Legen Sie mehr Wert auf die Beziehung als auf ein bestimmtes „perfektes" Verhalten. Achten Sie Ihr Kind als eigenständiges Gegenüber. Sie haben nicht deshalb automatisch Recht, weil Sie älter sind.

Erziehungsfehler sind keine Katastrophen. Entscheidend ist Ihre Grundhaltung gegenüber Ihrem Kind.

3. *Lernen Sie, sich für Fehler zu entschuldigen.* Wir sind ziemlich sicher, dass unsere Söhne es deshalb gelernt haben, Fehler einzugestehen und um Entschuldigung zu bitten, weil sie an uns gesehen haben, dass das möglich ist. Sätze wie: „Bitte entschuldige. Es war nicht richtig, dass ich dich so angebrüllt habe", „ich hab dir vorhin nicht richtig zugehört", „ich habe dich unfair beurteilt" gehörten bei uns zur Kommunikation. Und unsere Kinder lernten, dass wir als Eltern nicht vollkommen waren – und sie haben uns das nie zum Vorwurf gemacht.

4. *Es gibt Probleme, die Sie nicht allein lösen können. Suchen Sie die Hilfe, die Sie benötigen.* Sie haben sich so bemüht, alles richtig zu machen, aber jetzt gibt es doch ein ernsteres Problem mit Ihrem Kind – Hyperaktivität, eine chronische Depression, Drogenmissbrauch, Ess- und/oder Verhaltensstörungen?

Zuerst und vor allem gilt jetzt: Lieben Sie Ihr Kind, selbst wenn Sie sein Verhalten nicht akzeptieren können. Beten Sie für Ihr Kind und suchen Sie Hilfe bei geschulten Beratern. Gerade wenn es Probleme gibt, brauchen Sie die Bereitschaft, eigene Fehler einzugestehen und/oder die eigene Enttäuschung zu verarbeiten und Ihrem Kind jeden Tag neu ein „bereinigtes Beziehungskonto" anzubieten. Das geschieht durch Vergebung. Vergessen Sie nicht, dass Ihr Kind sein Leben letztlich selbst leben und die Verantwortung für sein Verhalten übernehmen muss. Geben Sie nie die Hoffnung auf, aber bleiben Sie nicht in Ihren Schuldgefühlen stecken. – Bedenken Sie: Es gibt weder vollkommene Eltern noch vollkommene Kinder.

> *Ihr Kind muss sein eigenes Leben leben und die Verantwortung für sein Verhalten übernehmen.*

5. *Nehmen Sie sich Zeit für sich selbst.* Kein Vater und keine Mutter kann einen pausenlosen Dauereinsatz leisten. Kurze Nächte gehören für Eltern von Jugendlichen ebenso zum Alltag wie für frisch gebackene Eltern unruhiger Säuglinge. Sorgen Sie dafür, dass Sie die Ruhepausen bekommen, die Sie brauchen, damit Sie Ihren Kindern mit neuer Energie wieder zur Seite stehen können. Nehmen Sie die Hilfe in Anspruch, die Sie kriegen können. Wenn nötig, engagieren Sie einen Babysitter, der mit den Kindern in den Park geht, während Sie Ihren Mittagschlaf machen.

> *Sorgen Sie für die nötigen Ruhepausen für sich selbst.*

6. *Entwickeln Sie Humor.* Wer über sich selbst lachen kann, wird entspannter. Wenn in Ihrer Familie viel gelacht wird, sind Sie gut dran. In manchen Familien geht es sehr heiter zu, während andere

sich schwer tun, eine lockere Atmosphäre zu bewahren. Bei uns zu Hause gab es Cartoons und Witze an der Kühlschranktür und wir bemühten uns, jeder Situation etwas Humorvolles abzugewinnen; besonders dann, wenn es ganz dick kam und alle kurz vorm Platzen waren. Lachen und eine entspannte Atmosphäre gehen Hand in Hand.

7. *Erinnern Sie sich immer wieder an die guten Zeiten.* Es ist ein Segen, dass wir uns meist an die guten Zeiten erinnern und die negativen Dinge vergessen.

**Pflegen Sie die
Erinnerungen an
die guten Zeiten.**

Manchmal haben unsere drei Söhne uns fast um den Verstand gebracht, doch heute lachen wir über die Erinnerung an Wasserbomben, verbeulte Autos, total abgetragene Jeans, ohrenbetäubende Musik oder den Stein, den unser Vierjähriger mit großer Treffsicherheit gegen das Auto unseres Nachbarn schleuderte. Heute steht die Freude an unseren erwachsenen Söhnen, ihren Ehefrauen und unseren Enkeln im Vordergrund. Und wir beglückwünschen sie dazu, wie gut sie ihren Job als Väter meistern.

8. *Blicken Sie nach vorne.* Als Robert Browning schrieb: „Das Beste liegt noch vor uns", hätte er auch über die Beziehung zwischen Eltern und erwachsenen Kindern schreiben können.

**Am Ende zählt
die Beziehung!**

Uns fällt es inzwischen schwer, uns an das Negative zu erinnern. Aber wir tun uns sehr leicht, immer wieder zu erzählen, wie schön die Jahre waren, die wir in die Erziehung unserer Söhne investiert haben. Wenn Sie also gerade eine besonders kraftaufreibende Phase durchmachen oder nicht mehr wissen, wie lange Sie Ihrer Aufgabe noch gewachsen sind, denken Sie an das Ziel, das vor Ihnen und Ihrem Kind liegt: die Beziehung ist das, was letztlich zählt!

11

Anhang

Altersgemäße Entwicklung

Wenn Sie Ihr anstrengendes Kind verstehen wollen, müssen Sie einen ungefähren Überblick erwerben, welche Verhaltensweisen, Fähigkeiten und Interessen für die verschiedenen Altersstufen angemessen und typisch sind. Nur so können Sie entscheiden, ob das Verhalten Ihres Kindes auffällig ist und Grund zur Sorge gibt, oder ob Ihr Kind gerade eine ganz normale Entwicklung durchläuft, die sich eben in bestimmten „Symptomen" äußert. Die folgende Übersicht gibt dazu einige Anhaltspunkte.

Anhang

Kleinkindalter (2 bis 4 Jahre)

Körper

- Mobil, aktiv, ausgeprägter Bewegungsdrang
- Hand-Fuß-Koordination ist weiter entwickelt als Finger-Koordination
- Vorlaut, ungestüm
- Hohes Schlafbedürfnis
- Liebt Wiederholungen
- Kinderkrankheiten
- Augen, Ohren, Stimme besonders empfindlich

Intellekt

- Sehr aufnahmefähig: lernt viel, begreift aber noch nicht alles
- Fließender Übergang zwischen Fantasie und Realität
- Lernt durch Sinneswahrnehmung
- Lernt durch Fragen: „Warum?" „Wie?"
- Lernt durch Nachahmung
- Noch kein Symbolverständnis, denkt in konkreten Kategorien
- Zunehmende Sprach- und Ausdrucksfähigkeit
- Vielfältig interessiert; neugierig ("alles ist interessant")
- Erfindet Fantasiewelten

Emotionen

- Gefühle werden ungefiltert zum Ausdruck gebracht: sowohl Freude, Sympathie, Liebe, Zuneigung als auch Angst, Zorn, Unsicherheit, Abneigung
- Emotionen können schnell wechseln
- Präsentiert sich gern
- Entwickelt Sinn für Komik
- Aggression wird körperlich abreagiert (z.B. am Spielzeug oder an Gegenständen)

Sozialverhalten	Religiöse Entwicklung
• Egozentrisch	• Vorstellungen von Gott sind abgeleitet von Erfahrungen mit Bezugspersonen (Eltern, Erzieher/innen)
• Hat Mühe, Autorität anzuerkennen	
• Auf Eltern, Geschwister, das eigene Zuhause orientiert	• Geht gern zu Kindergottesdienst oder Kinderstunde
• Beginnendes Interesse an gleichaltrigen Freunden	
• Beschäftigt sich mit imaginären Spielgefährten	• Lernt erste Gebete
	• Hört gern biblische Geschichten
	• Interessiert sich für Gott
	• Keine klare Unterscheidung zwischen Jesus und Gott

Vorschulalter (5-6 Jahre)

Körper

- Bewegungsfreudig, liebt körperliche Anstrengungen
- Empfinden für körperl. Grenzen noch nicht ausgeprägt
- ermüdet schnell
- versucht eine Vielzahl neuer motorischer Fähigkeiten zu meistern
- probiert sich aus, kann dabei mögliche Gefahren noch nicht realistisch einschätzen
- Feinmotorik wird ausgeprägter
- Augen-Hand-Koordination entwickelt sich jetzt
- Feinmotorik der Hand wird zunehmend geschickter
- leicht durch visuelle Reize ablenkbar
- Augen ermüden durch Überbeanspruchung
- Ausdruck der eigenen Persönlichkeit durch Bewegung

Intellekt

- Konzentrationsspanne erweitert sich auf bis zu 20 Minuten, jedoch abhängig vom jeweiligen Interesse
- Unterscheidung zwischen Fantasie und Wirklichkeit
- denkt in konkreten Begriffen,
- beginnt logische Gedankenverknüpfungen zu machen
- breiteres Interessenspektrum
- wissbegierig; untersucht alle erreichbaren Materialien
- will mit Begeisterung Neues lernen, lässt sich aber auch schnell entmutigen und führt Aufgaben dann nicht zu Ende
- wechselt u. U. von einer Aktivität zur nächsten
- erkennt Sequenzen
- sehr gutes Gedächtnis für Dinge, die in einem logischen Zusammenhang dargestellt werden
- hört gerne Geschichten
- lernt am besten durch aktive Teilnahme und spielerisch-dramatische Umsetzung von Inhalten

Emotionen

- starke Gefühlsschwankungen
- braucht feste Gewohnheiten und ein vertrautes Umfeld
- viele neue Gefühle brechen auf
- ist schnell wütend auf sich selbst, eine Situation oder andere Menschen; jüngere Vorschulkinder weinen schnell, bekommen einen Wutanfall oder reagieren gewalttätig; ältere reagieren eher beleidigt
- setzt sich häufig zu hohe Ziele
- schämt sich, wenn ihm Fehler unterlaufen; kann mit eigenem Versagen nicht gut umgehen
- Manchmal aufsässig und grob gegenüber Erwachsenen, um Selbstständigkeit zu demonstrieren oder sich gegen Bevormundung zu wehren
- reagiert auf direkte Forderungen abweisend
- Ermahnen/erinnern und verbale Lenkung helfen ihm jedoch
- bei schwierigen Entscheidungen unentschlossen; oft wenig kompromissbereit, wenn es sich erst einmal für eine Sache entschieden hat

Anhang

Sozialverhalten

- gegenüber der Familie loyal
- interessiert und stolz darauf
- Einstellung zu Geschwistern wechselt – Herumkommandieren, Eifersucht, Stolz, Beschützerinstinkt oder auch Brutalität kommen vor
- möchte Freunde haben, verprellt sie aber oft
- hat zwei bis drei ganz dicke Freunde
- will gewinnen
- will in Gruppen dominieren – durch Angeberei, Unsinnmachen oder Schikanieren
- kritisiert das Verhalten anderer Kinder, petzt oft
- kann schlecht mit Ermahnungen und Kritik umgehen
- noch recht egozentrisch

Religiöse Entwicklung

- begreift Gott als Schöpfer der Welt
- stellt viele Fragen wie: Wer hat Gott gemacht? Wo wohnt er?
- u. U. Angst vor Gott, weil der alles sieht
- begreift Gott allmählich als reales Gegenüber
- sieht Jesus als reale Person an
- beginnendes Verständnis für richtiges und falsches Handeln
- begreift biblische Figuren als real
- betrachtet das Gebet als etwas sehr Wichtiges

Anhang

Grundschulalter (7-9 Jahre)

Körper

- sehr aktiv; liebt Ball- und Mannschaftsspiele
- liebt wilde, ausgelassene Spiele
- Posen, Gesten und Kunststückchen werden eingesetzt, um die eigene Persönlichkeit bewusst auszudrücken
- Körperbewegungen werden graziler und flüssiger
- bei körperlichen Aktivitäten sehr risikobereit; daher erhöhte Verletzungsgefahr
- Ausdauerspanne wächst
- Feinmotorik schneller und gewandter; mehr Geschicklichkeit und Schnelligkeit
- beobachtet genauer als zuvor
- will motorische und handwerkliche Fähigkeiten ausbauen; gibt bei komplexen motorischen Aufgabenstellungen nicht so schnell auf
- beliebte Bewegungsabläufe werden häufig wiederholt
- beim Malen entwickelt sich ein Bewusstsein für körperliche Proportionen; perspektivisches Zeichnen beginnt; Menschen werden gerne in Bewegung dargestellt
- Mädchen sind in der körperlichen Entwicklung den Jungen voraus

Intellekt

- Fähig zu längerer Konzentration und dauerhafterem Interesse
- Erstaunen und Neugierde werden ausgedrückt
- weniger bruchstückhafte Wahrnehmung; Zusammenhänge, wiederkehrende Muster sowie Ursache / Wirkung werden mehr und mehr erkannt
- Ähnlichkeit zwischen zwei Dingen wird erkannt, Beobachtungen und abstrakte Eigenschaften von Dingen mitgeteilt
- plant gerne voraus
- kurze Sätze werden mühelos auswendig gelernt; schriftliche Fixierung von Inhalten unterstützt Gedächtnis
- liest gerne
- liebt Abenteuergeschichten und Märchen, Geschichten über ferne Länder und Reisen sowie Lustiges oder Comics
- liebt Herausforderungen aber keine Reinfälle; wird bei schwierigen Aufgaben nicht gleich wütend; bringt Aufgaben zu Ende
- ältere Kinder dieser Altersgruppe können sich schnell und klar entscheiden
- Logik wird auf praktische Situationen angewandt; jedoch noch unsystematisch und durch Ausprobieren
- entwickelt Vorstellung von finanziellen Werten

Emotionen

- zeigt Mitgefühl
- breitgefächertes emotionales Verhalten – von Schüchternheit bis Tollkühnheit, von himmelhoch jauchzend bis zu Tode betrübt, von lethargisch bis begeistert
- die eigene Persönlichkeit wird in Spiel und Vorstellungswelt ausagiert, oft in Extremen; wenn es dem Kind zu viel wird, zieht es sich zurück und hinterlässt ein „Chaos"
- bereit jede Herausforderung anzugehen, begeisterungsfähig
- reagiert schnell verletzt; bleibt aber nicht lange beleidigt; möchte sich schnell wieder vertragen
- reagiert empfindlich auf Kritik von Erwachsenen
- liebt Ordnung und Übersicht
- äußert negative Emotionen direkt, beklagt sich häufig, „lässt Dampf ab", um Spannungen abzubauen
- u.U. Angst vor Dunkelheit, Auseinandersetzungen, Verletzungen, Versagen oder davor, nicht geliebt zu werden; gesteht Ängste sich und anderen häufig nicht ein
- hegt viele, oft grundlose Befürchtungen
- will mit Erwachsenen gut auskommen

Sozialverhalten

• verbringt Zeit lieber mit Freunden als mit Familie

• übernimmt häusliche Pflichten, aber oft nur unter Protest

• spielt nicht gern allein und möchte einen „besten Freund" haben

• lernt persönliche Interessen den Interessen der Gruppe unterzuordnen

• entwickelt Selbstdiziplin durch die Kritik Gleichaltriger und durch die Verantwortung gegenüber der Gruppe

• beteiligt sich an längerfristigen Gruppenaktivitäten; bildet (oft nur kurzzeitig) gern „Banden" und „Clubs", 9-10jährige auch schon dauerhafte und zielgerichtete Interessengruppen.

• lernt konstuktive Kritik von/an Gleichaltigen zu geben/einzustecken

• sucht die Freundschaft von älteren Kindern, die es bewundert

• interessiert sich dafür, wie „man" sich benimmt

• wachsende Feindseligkeit gegenüber dem anderen Geschlecht; beim Spiel zunehmende Geschlechtertrennung

• wachsendes Bewusstsein für den eigenen ethnischen oder sozialen Status

• entwickelt Idealbild von sich selbst

• erlebt den Drang nach mehr Selbstständigkeit und Unabhängigkeit von elterlicher Fürsorge als Spannung

Religiöse Entwicklung

• lässt sich sagen, was richtig und falsch ist;

• ist fähig über eigenes Handeln bewusst zu entscheiden

• möchte gut sein; spürt aber auch widerstreitende Impulse

• wünscht sich Anerkennung für gutes Verhalten (Belohnung-Strafe-Denken)

• beginnendes Bewusstsein für das eigene Gewissen; erkennt unterschiedliche Grade von Fehlverhalten bei anderen; Empfinden für eigene Schuld; möchte ehrlich sein

• kann Scham empfinden, eigene Fehler zugeben, sucht aber zugleich häufig Alibis

• aktives Interesse an Gott

• hört gerne Geschichten über Jesus; beginnendes Verständnis für historische Bedeutung Jesu

• klare Unterscheidung zwischen Gott und Jesus

• oftmals in dieser Altersstufe ein ausgesprochen intensiver Kinderglaube

• interessiert sich für Sachhintergrund biblischer Geschichten (Karten, Details aus der Umwelt, „Wie war das damals?")

Vorpubertät (10-12 Jahre)

Körper

- sehr viel Energie
- höhere Selbstkontrolle und Sicherheit beim Ausführen motorischer Tätigkeiten
- verfolgt zielstrebig sportliche oder musische Interessen
- bei Mädchen beginnt der „Wachstums-Endspurt" vor der Pubertät; sie sind jetzt größer, schwerer und häufig stärker als gleichaltrige Jungen und in sportlichen Dingen überlegen
- bei Mädchen setzt die Entwicklung der sekundären Geschlechtsmerkmale ein
- unauffällige, stille Wachstumsperiode bei Jungen

Intellekt

- aufmerksam, wissbegierig
- Übergang vom konkreten zum abstrakten Denken beginnt
- beschäftigt sich gerne mit Fakten und deren Einordnung
- lernt gern und leicht auswendig
- liest gerne, hört gerne Geschichten
- Interesse an einer Sache erlahmt schnell
- reges Interesse an sachkundlichen Inhalten: Geschichte, Personen, aktuellen Ereignissen, Naturwissenschaften, Natur, Geografie
- entwickelt erstes selbstständiges, kritisches Denken; hinterfragt vorgegebene Lösungen
- benutzt logisches Denken zur Lösung von Problemen, stellt Hypothesen auf und überprüft sie

Emotionen

- Jüngere dieser Altersgruppe in der Regel fröhlich, zufrieden, sorglos und unbekümmert
- Ältere erleben ausgeprägtere emotionale Spitzen; Stimmungsschwankungen
- Jüngere eher Handlungsals Reflexionsorientiert; Gefühle werden oft nicht bewusst wahrgenommen
- Ältere sind sich zwar der Gefühle bewusst, wissen aber oft nicht damit umzugehen
- Zu- oder Abneigung werden sehr stark empfunden
- Ältere reagieren empfindlich, wenn sie verletzt oder kritisiert werden; werden leicht eifersüchtig
- gelegentlich kommt es zu kurzen Wut- oder Gewaltausbrüchen
- Spannungen werden durch körperliche Aktivitäten abgebaut
- Unsicherheit wird durch Albernheit, Lachen überspielt

Sozialverhalten

• hat gerne viele Freunde, aber auch einen „besten Freund" gleichen Geschlechts

• Mädchen fühlen sich in einer kleinen, intimeren Gruppe Gleichaltriger am wohlsten; Jungen wollen größere, nicht so enge Gruppen

• Freunde/-innen werden in „Geheimnisse" und Persönliches eingeweiht

• häufig Rivalitäten und Streit unter Gleichaltrigen

• ist gern Teil einer Clique; spontan gebildete Grüppchen bleiben lose organisiert

• Begeisterung für Mannschaftsspiele

• Respekt vor Lehrern, deren Wort mehr gilt als das der Eltern

• profitiert von einem gewissen Maß an festen Gewohnheiten

• „benimmt" sich bewusst korrekt (außerhalb der Familie)

• Umgangsformen mit Gleichaltrigen: verbale Neckereien; leichte Formen von Körperkontakt (kleine Schubser, Klapse u.ä., Einhaken)

Religiöse Entwicklung

• stellt Fragen über Gott und sein Handeln

• beginnt zu realisieren, dass es sich eine eigene Glaubensüberzeugung bilden muss

• versteht große Zusammenhänge des Heilshandelns Gottes (Sachebene)

• kann persönliche Glaubensentscheidung treffen

• versteht den Sinn des Gebets; formuliert manchmal spontane Gebete

• sucht sich evtl. biblische Figuren als Vorbilder

• interessiert sich vor allem für die Fakten der Bibel

• will dazugehören, Teil der Gemeinde/Jugendgruppe werden und sich einer Gruppe anschließen

• beginnendes Verständnis für ethische Fragen

• Moralvorstellungen oft sehr starr, „Schwarz-Weiß-Denken"

• kann über eigenes Handeln ein Werturteil fällen

• oft unsicher, was richtig und was falsch ist

• kann sich in biblische Personen hineinversetzen und Handlungen und Motive nachvollziehen

Pubertät (13-15 Jahre)

Körper

• Pubertät – rasches Wachstum, schnelle Entwicklung

• Mädchen sind Jungen im Wachstum etwa 2 Jahre voraus

• sekundäre Geschlechtsmerkmale

• Mädchen: häufig Hautprobleme; körperliches Wachstum verlangsamt sich u.U.

• Jungen: motorische Entwicklung, verbesserte Koordination

• Jungen: Selbstbild hängt stark von körperlicher Entwicklung ab; häufig Wachstumsschub, dadurch oft ungelenk und Probleme mit Selbstbild

Intellekt

• Beeinträchtigungen im Lernverhalten – 28 % der Kinder sinken in ihren schulischen Leistungen ab

• Denken vollzieht sich primär in konkreten Begriffen – abstraktes Denken nimmt erst allmählich zu

• selbstständiges, kritisches Denken setzt ein

• Vorgegebenes wird in Frage gestellt

• zunehmend logisches, induktives Denken

• Verständnis für sinnlich wahrnehmbare Gegenstände und Zusammenhänge

• abstraktere geistige oder geistliche Themen schwerer zugänglich

Emotionen

• Selbstbewusstsein schwindet, Unsicherheit

• Überreaktionen insbesondere den Eltern gegenüber; insgesamt aber bessere Kontrolle über eigene Emotionen

• Stimmungsschwankungen; oft emotional unberechenbar

• kann schlecht mit Stress umgehen

• braucht Zeit zum Alleinsein, insbesondere Abstand von Eltern

• arrangiert sich nach und nach mit seiner männlichen/weiblichen Rolle

Sozialverhalten

- zunehmende Unabhängigkeit von den Eltern
- oft extreme Konformität gegenüber Gleichaltrigen
- starke Bindung an Gleichaltrige, insbesondere die des gleichen Geschlechts
- sich steigerndes Interesse am anderen Geschlecht
- Haupteinfluss haben Gleichaltrige; an zweiter Stelle stehen die Eltern, danach Lehrer/Mentoren im Sport/Jugendgruppe o.ä.
- ausgeprägte „Fan"-Haltung gegenüber Popstars oder Sportgrößen

Religiöse Entwicklung

- sucht Antworten auf Glaubensfragen, um einen eigenen Standpunkt zu finden oder sich bisher Übernommenes „zu Eigen zu machen"
- kann über sich selbst hinausblicken; versteht das Konzept der Nächstenliebe
- entwickelt eigenes Weltbild
- braucht die Möglichkeit, einen eigenen Beitrag zum Gemeindeleben zu leisten, um neu gefundene Glaubensüberzeugung zu „erden"
- beginnt, eigene Begabungen nicht nur zum eigenen Wohl einzusetzen
- orientiert sich in der Suche nach eigenen Glaubensantworten stark an erwachsenen und gleichaltrigen Rollenvorbildern

Spätpubertät (16-18 Jahre)

Körper

- Wachstumsschub bei Jungen, dadurch oft ungelenk und Probleme mit Selbstbewusstsein
- besondere Probleme bei Jungen mit verzögertem Wachstumsschub
- sekundäre Geschlechtsmerkmale entwickeln sich vollständig
- körperliches Wachstum bei beiden Geschlechtern mit ca. 17 – 19 Jahren abgeschlossen
- achtet übertrieben stark auf körperliches Erscheinungsbild

Intellekt

- Großer Sprung in Entwicklung intellektueller Fähigkeiten möglich
- Interesse an induktivem, philosophischem Denken wächst
- fasziniert von hypothetischen Annahmen über die Zukunft
- weitere Ausbildung des abstrakten Denkvermögens: selbstständiges, kritisches, logisches Denken
- stellt sich schwierigen Lebensfragen
- Sinnfrage wird virulent
- sprachliche Ausdrucksfähigkeit entspricht abstraktem Denkvermögen: kann komplexe Zusammenhänge erläutern und Meinungen dezidiert begründen und vertreten
- intensive Auseinandersetzung mit beruflichen Perspektiven

Emotionen

- häufig Tagträume
- heterosexuelle Beziehungen gewinnen an Bedeutung
- Auseinandersetzung mit Zukunftsperspektiven, eigenem Aussehen, körperlicher Entwicklung fordert emotionale Energie
- Frage nach dem eigenen Selbst steht im Mittelpunkt („Wer bin ich?")
- zunehmend Kontrolle über Emotionen
- Sensibilität für die Emotionen anderer wächst
- häufig Interesse an Poesie und gefühlsintensiver Literatur/Musik

Sozialverhalten

- Ablösung von den Eltern setzt sich fort
- soziale Gruppe ist wichtigster Orientierungspunkt
- Konflikt zwischen der eigenen Rolle Gleichaltrigen gegenüber und dem Rollenbild als eigenständiger, fast erwachsener Mensch
- wichtigste Beziehungen bestehen innerhalb des eigenen Geschlechtes
- Jobs, Geld verschaffen Anerkennung der Gruppe und bestimmen die freie Zeit
- entwickelt sozial akzeptable Umgangsformen
- Beziehung zu Eltern wird häufig neu definiert

Religiöse Entwicklung

- Auseinandersetzung mit Glaubens- und Sinnfragen geht weiter
- Belange anderer nehmen mehr Raum in der eigenen Wahrnehmung ein
- starkes Bewusstsein für Recht und Unrecht
- oftmals starkes soziales und/oder politisches Engagement
- sieht sich u. U. als Vorbild für jüngere Jugendliche
- braucht Anerkennung der eigenen Leistungen durch die Gemeinde
- übernimmt gern Verantwortung und erledigt übertragene Aufgaben mit viel Begeisterung, experimentiert mit eigenen Fähigkeiten
- die meisten Glaubensentscheidungen werden in diesem Alter getroffen

Anmerkungen

Anmerkungen zu Kapitel 2:

[1] Eine ähnliche Liste findet sich bei Andreasen, N.C. und Black, D.W., Lehrbuch Psychiatrie, Psychologie Verlags-Union, Basel und Weinheim 1993, S. 225.

Anmerkungen zu Kapitel 3:

[1] Aus: *Building Family Strengths* – University of Nebraska 1986, S. 42.

[2] Bei Kouzes, J. und Posner, B., *Encouraging the Heart. A Leader's Guide to Rewarding and Recognizing Others*, Jossey-Bass Inc., San Francisco 1999.

[3] Ebd.

Anmerkungen zu Kapitel 4:

[1] Siehe zum Folgenden: Gottman, John, *Raising an Emotionally Intelligent Child,* Simon & Schuster, New York 1997.

[2] Sloat, Donald, *The Dangers of Growing Up in a Christian Home,* Thomas Nelson, Nashville, Tennessee 1986.

Anmerkungen zu Kapitel 5:

[1] Zusammenfassung bei: Chamberlain, P. und Patterson, G. R., *Discipline and Child Compliance in Parenting,* in: Bornstein, M. H. (Hrsg.), Handbook of Parenting, Vol. 4, S. 205-225, Lawrence Erlbaum Associates, Hillsdale, NJ 1995.

[2] Siehe dazu: Greene, R., *The Explosive Child: A New Approach for Understanding and Parenting Easily Frustrated and „Chronically Inflexible" Children.* Harper Collins, New York 1998.

[3] Siehe zum Folgenden: Greene, R., a.a.O.

[4] Tobias, C. U., *You Cant't Make Me – But I Can be Persuaded,* Waterbrook Press, Colorado Springs 1999.

[5] s. dazu: Brazelton, T. Berry, *Touchpoints: The Essential Reference of Your Child's Emotional and Behavioral Development* Perseus Books, Reading, Massachusetts 1992, S. 274-275.

[6] Zitiert nach: „*The Parent's Guide to Back-to-School Cool",* in: Woman's Day, 4. Sept. 1990, S. 120.

Anmerkungen zu Kapitel 6:

[1] Kutner, Lawrence, *Parent and Child,* Morrow, New York 1991, S. 145

Anmerkungen

[2] Brazelton, T. Berry, *Touchpoints*, S. 252

[3] Kutner, L., a.a.O. S. 146-7.

Anmerkungen zu Kapitel 7:

[1] Das Modell findet sich bei Campbell, Ross, *How to Really Love Your Teenager*, Wheaton 1981, S. 66-69. Dt. Ausgabe unter dem Titel *Teenager brauchen mehr Liebe*, Francke, Marburg, [13]2000.

Anmerkungen zu Kapitel 8:

[1] White, J. und M., *When Your Kids Aren't Kids Anymore*, NavPress, Colorado Springs 1989. S. 19.

[2] in: Miller, Kathy Collard, *The Big R: Responsibility*, in Christian Parenting Today, Mai/Juni 1990, S. 40.

Anmerkungen zu Kapitel 9:

[1] Näheres über das „Projekt Zwölf-Einhalb" finden Sie in; Claudia und David Arp, *Und plötzlich sind sie 13 oder: Die Kunst, einen Kaktus zu umarmen*, Gießen, Brunnen [13]2002.

[2] Zitiert aus: Ridenour, Fritz, *What Teenagers Wish Their Parents Knew About Kids*, Victor Books. Wheaton, IL 1984, S. 157.

Empfehlenswerte Literatur:

Arp, Claudia und David: *Und plötzlich sind sie 13 oder: Die Kunst, einen Kaktus zu umarmen,* Brunnen [12]2001 (Alter: 12-16 Jahre)

Biddulph, Steve: *Jungen! Wie sie glücklich heranwachsen,* Beust 1997 (Alter: 6-12 Jahre)

Ders., *Das Geheimnis glücklicher Kinder,* Beust 2000 (Alter: 2-12 Jahre)

Ders., *Weitere Geheimnisse glücklicher Kinder,* Beust 2000 (Alter: 2-12 Jahre)

Dreikurs, Rudolf/Soltz, Vicki: *Kinder fordern uns heraus,* Klett-Cotta [9]2001 (Alter: 3-6 Jahre)

Dreikurs, Rudolf/Blumenthal, Erik: *Eltern und Kinder – Freunde oder Feinde?* Klett-Cotta [3]2001 (Alter: 4-16 Jahre)

Kast-Zahn, Annette: *Jedes Kind kann Regeln lernen,* Oberste Brink Verlag 1997 (Alter: 2-7 Jahre)

Plattner, Elisabeth: *Die ersten Lebensjahre,* Verlag Urachhaus 1987 (Alter: 0-5 Jahre)

Prekop, Jirina: *Der kleine Tyrann,* Kösel [17]1995 (Alter: 2-8 Jahre)

Rogge, Jan-Uwe: *Kinder brauchen Grenzen,* Rowohlt Verlag 1998 (Alter: 2-8 Jahre)

Ders., *Eltern setzen Grenzen,* Rowohlt Verlag 1998 (Alter: 2-8 Jahre)

Ders., *Pubertät – Loslassen und Haltgeben,* Rowohlt Verlag 2000 (Alter: 12-18 Jahre)

Von denselben Autoren:

Und plötzlich
sind sie 13

oder: Die Kunst, einen Kaktus zu
umarmen

So begleiten Sie Ihr Kind
durch die Teenagerzeit

208 Seiten
Paperback
13. Auflage
ISBN 3-7655-1070-X

Jugendliche zwischen 13 und 16 sind so ausgeglichen wie ein Jojo und so zugänglich wie ein Kaktus, sie hausen in einem Chaos, das sie, „mein Zimmer" nennen und tauchen dreimal am Tag auf, um etwas Essbares hinunterzuschlingen und die Familie anzuknurren... Was können Eltern tun, um in dieser konfliktreichen Phase die Verbindung zu ihren Kindern aufrechtzuerhalten?

BRUNNEN VERLAG GIESSEN

Becky Freeman

Wie Schokoeis und Peperoni

Oder: Doch, doch – ich liebe meinen Mann!

160 Seiten
Paperback
ISBN 3-7655-1246-X

Wie schmeckt Ihre Partnerschaft? Lachen, Liebe, Leidenschaft, aber auch heftige Diskussionen, Temperamentausbrüche und knallende Türen – also ein Mix aus Schokoeis und Peperoni?

Männer und Frauen passen einfach nicht zusammen, oder doch? Garniert mit viel Verständnis für die kleinen Klippen einer Schoko-Peperoni-Beziehung serviert Becky Freeman ihre Erfahrungen mit dem Schuss Humor und Lebensweisheit, der immer wieder Lust macht auf einen kleinen Nachschlag.

BRUNNEN VERLAG GIESSEN